내 인생을 바꾼 29통의 편지

BOKU NO JINSEI O KAETA 29-TSU NO TEGAMI
by FUKUSHIMA Masanobu
Copyright©2010 FUKUSHIMA Masanobu
All rights reserved.

Originally published in Japan by NIPPON JITSUGYO PUBLISHING CO., LTD., Tokyo.
Korean translation rights arranged with
NIPPON JITSUGYO PUBLISHING CO., LTD., Japan
through THE SAKAI AGENCY and BC AGENCY.
Korean Translation Copyright©2011 by Book21 Publishing Group.

이 책의 한국어판 저작권은 BC 에이전시와 사카이 에이전시를 통한
저작권자와의 독점 계약으로 (주)북이십일에 있습니다.
저작권법에 의해 한국 내에서 보호를 받는 저작물이므로 무단전재와 복제를 금합니다.

KI신서 3546
내 인생을 바꾼 29통의 편지

1판 1쇄 인쇄 | 2011년 09월 21일
1판 1쇄 발행 | 2011년 09월 29일

지은이 후쿠시마 마사노부 **옮긴이** 유윤한
펴낸이 김영곤 **펴낸곳** (주)북이십일 21세기북스
출판콘텐츠사업부문장 정성진 **출판개발본부장** 김성수 **외서개발팀장** 심지혜
책임편집 박혜란 **해외기획** 김준수 조민정 **표지디자인** 이승욱 **본문디자인** 박현정
마케팅영업본부장 최창규 **영업** 이경희 박민형 **마케팅** 김현유 강서영
출판등록 2000년 5월 6일 제10-1965호
주소 (우 413-756) 경기도 파주시 교하읍 문발리 파주출판단지 518-3
대표전화 031-955-2100 **팩스** 031-955-2151 **이메일** book21@book21.co.kr
홈페이지 www.book21.com **커뮤니티** cafe.naver.com/21cbook
트위터 @21cbook **블로그** b.book21.com

ISBN 978-89-509-3302-9 03320
책값은 뒤표지에 있습니다.

이 책 내용의 일부 또는 전부를 재사용하려면 반드시 (주)북이십일의 동의를 얻어야 합니다.
잘못 만들어진 책은 구입하신 서점에서 교환해 드립니다.

내 인생을 바꾼
29통의 편지

후쿠시마 마사노부 지음 | **유윤한** 옮김

21세기북스

CONTENTS

프롤로그 7

잃어버린 꿈... 11
"그 누구도 아닌 바로 자네 인생이야. 무엇이든 스스로 하란 말이야!"

행복을 부르는 골판지... 24
"그냥 골판지에 문자를 인쇄하는 것처럼 보여도 사실은 마법을 걸고 있거든."

긴 터널... 33
"화내지 말고 잘 생각해봐요. 자신에게 원인이 있는 건 아닌지."

준비하는 자와 준비하지 않는 자... 45
"결국, 모든 것이 자신의 선택에서 비롯한 게 아닐까?"

어려운 일을 즐겨라... 58
'자신의 한계까지 완전히 노력하는 사람은 없다.'

감동의 프레젠테이션... 79
"자기답게 거리낌 없이, 자유롭게 마음껏, 가슴 설레는 생각들을 담아내면 돼."

인생을 걸고 하는 일 … 95
"자넨, 사랑이 없어."

세상에서 가장 높은 벽 … 118
"환경이나 상황은 상관없어. 미래는 언제든지 자기 나름의 방식대로 바꿀 수 있는 거야."

인생의 시험 … 132
"살면서 힘들다는 느낌이 들 땐 대부분 시험 당하고 있는 거야. 인간으로서 그릇의 크기를 결정하기 위한 시험이지."

거울 효과 … 145
"정열은 옮겨 붙는 성질이 있어. 만약 주변이 타오르지 않고 있다면, 아직 자네 안에 있는 진정한 정열의 불꽃이 덜 타고 있다는 증거야."

진심 … 162
난 이제부터 미래를 계속 믿어보고 싶어졌다. 자신의 일, 상사, 부하, 동료, 그리고 나의 가능성과 미래를.

마지막 편지 … 176
마지막으로, 내가 가장 좋아하는 말을 써서 보낸다. '꿈꾸지 않으면 실현할 수 없다.'

에필로그 201
저자의 글 203

인생은 변할 수 있다.
그리고 변화의 순간엔 감동이 있다.

프롤로그

신칸센의 창밖으로 낯선 풍경들이 어지러울 정도로 빨리 지나갔다. 조금 전까지만 해도 줄줄이 늘어선 공장만 보였는데, 띄엄띄엄 흩어진 촌락의 집들이 나타나기 시작했다. 마을도 우리네 인생과 마찬가지란 생각이 들었다. 집이나 공장들은 서로 떨어져 있는 것처럼 보이지만 사실은 모두 하나로 연결되어 살아간다.

멀리 노을에 붉게 물든 산이 헤어지기 아쉬운 듯 천천히 뒤로 사라졌다. 하지만 집집마다 유리창 너머로 하나둘씩 켜지는 불빛은 자신의 존재를 뚜렷이 드러내려는 듯 점점 밝아오고 있었다.

나는 몇 번이고 편지를 다시 읽어보았다. 되풀이해서 읽을 때마다 마음의 틈에 숨겨져 있던 혼란들이 사라지고, 전신이 투명해지는 기분까지 들었다.

나는 그동안 많은 사랑을 받으며 살았다. 어째서 좀 더 빨리 알아차리지 못했을까? 왜 그렇게 바보처럼 살았는지 한없이 부끄러웠다.

신칸센에 오른 지 한 시간도 안 지났는데 이 편지를 몇 번이나 다시 읽은 것일까. 감사하는 마음으로, 또 다시 편지를 읽기 시작했다. 지난 1년 동안 일어난 여러 사건들을 떠올리고, 그 의미들을 서로 연결시키면서.

올 1년 동안 나는 정말 많이 변했다. 얼마 전까지만 해도 하루하루가 너무 괴로웠다. 이상하게도 잘해보려고 애쓸수록 일은 더 잘 풀리지 않았다. 늘 내가 왜 그 자리에 있는지 의미를 알 수 없었기에 도망치고 싶다는 생각뿐이었다.

하지만 이제는 예전의 그런 내가 낯설게 느껴진다. 사람이 이렇게까지 변할 수 있다는 것은 상상도 못한 일이었다. 가장 큰 충격은 내가 거부하며 도망치려 했던 것이 사실은 가장 필요한 것이었음을 깨닫게 된 순간에 찾아왔다. 지금까지 나는 주변을 제멋대로 해석하며, 그릇된 생각에 사로잡힌 채 살아왔을 뿐이었다.

이제야 내가 정말로 원하는 것이 무엇인지를 알게 되었다. 지금까지 바라던 것은 진정이 아니었다. 그래서 그것을 이루려고 애쓸수록 더욱더 고립되고 괴로울 수밖에 없었다. 설령 원하던 대로 이룬다 해도 진정한 행복을 느끼지 못했다.

그동안 진정한 나를 알지 못한 채 살았다. 어쩌면 지금 이렇게 나의 참모습을 깨닫기 위해 그토록 괴로운 나날들을 보냈는지도 모른다. 생각이 여기에 미치자, 괴로웠던 지난날이 오늘의 나를 위한 축복인 것 같아 또 다시 눈물이 핑 돌았다.

눈을 감으니, 빛을 내고 있는 과거가 보였다. 지금까지 만났던 모든 사람들이 미소 지으며 나를 바라보고 있었다. 괴롭기만 했던 시간들이 한 편의 멋지고 감동적인 드라마처럼 엮여 스쳐 지나갔다.

이제, 무슨 일이 있어도 헤매지 않을 것이다. 나는 옆자리에 들리지 않을 정도로 작지만 또렷한 목소리로 중얼거렸다.

"모두 고마워."

창 밖에 짙은 코발트색 하늘 위로 하나 둘 작은 별들이 떠오르고 있었다.

잃어버린 꿈

"어!"

목소리만 들어도 누구인지 알 것 같았다. 나는 몸을 휙 돌려 외면하고 싶어졌다.

"이건, 뭐야? 자료를 고객들이 좀 더 이해하기 쉽게 만들라고 몇 번이나 얘기했잖아. 멍하니 얼이 빠져가지고는. 생각을 했으면 행동으로 바로 옮겨야 할 거 아니야. 왜 늘 같은 말을 또 하게 만들어. 자넨, 정말 구제불능이야."

"아, 죄송합니다."

"그, '죄송합니다.' 라는 말 지겹지도 않아? 허구한 날 그러고 있으니, 매일같이 목표 미달이지."

같은 말을 수백 번 되풀이하며, 설교를 늘어놓는 것이 하토리 부장의 습관이다. 영업부를 맡고 있는 하토리 부장은 나보다 열두 살쯤 나이가 많다. 몸집이 작고, 둥근 얼굴이어서 얼핏 보면 친절해 보인다. 현장에서 발로 뛰는 것을 무엇보다도 중요하게 생각하는 사람으로 늘 돌아다니며 부하 직원들이 일을 잘 하는지를 감시한다.

하토리 부장이 나를 싫어하는지 어떤지는 잘 모르겠다. 하지만 다른 사람들보다 유독 나한테 엄하게 구는 것은 확실했다. 그래서 나는 하토리 부장 근처에는 가지 않으려고 애썼다.

하토리 부장은 원래 쾌활하고 친절한 사람이었다. 하지만 5년 전쯤부터 갑자기 부하들을 엄하게 다루기 시작했다. 그래도 일 처리에 대한 평판은 좋았다. 분명히 고객들 앞에서는 딴사람으로 돌변할 것이다.

"이봐! 듣고 있는 거야? 뭐야, 그 뚱한 얼굴은."

나도 모르게 잔뜩 부은 얼굴을 하고 있었나 보다.

"일할 마음은 있는 거야?"

"네?"

"일하기 싫은 건 아니겠지?"

"……."

"자넬 보고 있으면 걱정돼. 다른 사람 인생도 아니고 자네 인생이야. 무엇이든 스스로 하란 말이야!"

'무엇이든 하라고요? 댁 같은 상사 밑에서 뭔들 제대로 하겠습니까?' 라는 말이 목구멍까지 치솟았지만 간신히 삼켰다.

덕분에 오늘도 하루 종일 기분이 상했다. 그저 내게 맡겨진 일들을 마지못해 처리하며 퇴근 시간까지 겨우 버텼다.

내 이름은 토오 츠요시. 자동차 부품을 만드는 이 회사에 입사한 지도 7년이 넘었다. 해마다 봄이면, '올해의 목표'를 세웠지만 한 번도 달성해보지 못했다. 때문에 지난 해 성과를 돌아보며 새로운 계획을 세우는 봄이 일 년 중 가장 우울했다. 아무리 노력을 해도 기대만큼 성과가 나오지 않을 때가 있기 마련이다. 원래 나란 인간은 열심히 한 만큼 보상을 받기가 어려운 타입이다. 다른 사람과 함께 일을 하면, 이상하게도 귀찮은 일은 거의 내 차지였다. 이제는 그게 너무도 당연해 기분 나쁘지도 않았다. 그나마 지난 7년 동안 터득한 것이라곤 주어진 일은 어떻게든 해내는 기술이었다.

요즈음처럼 장기 불황일 때에는 무슨 일을 해도 성과를 내기 어려운 법이다. 하지만 우연히 좋은 고객을 만나 큰 성과를 거두고, 고속 승진을 한 입사동기도 있었다. 그러고 보면 사람 일이란 한 치 앞을 알기 어렵다.

사실, 행운이나 불행은 사람 힘으로 어쩔 수 없는 것이다. 현실은 일단 받아들이는 게 속 편하다. 하지만 내게는 도저히 받아들이기 힘든 현실이 하나 있었다. 그것은 사소한 일까지도 확인하고 추궁하는 하토리 부장이 내 직속 상사라는 사실이었다.

어차피 열심히 해봤자 결과는 마찬가지였다. 그렇다고 적당히 할 수도 없었다. 내 기분은 구름 낀 하늘처럼 흐린데, 유리창으로 쏟아져 들어오는 햇살은 화창하고 따사롭기만 했다. 햇살조차도 영 기분에 거슬리는 하루였다.

마침 연수를 마친 신입사원이 우리 팀으로 발령을 받는 날이었다. 신입사원들이란 처음에는 모두 의욕적이고 예의가 바르기 때문에 선배들까지도 일할 맛이 나게 만든다. 하지만 2, 3년만 지나면 그들이 몰고 온 신선한 바람은 사라져버린다.

그 증거가 바로 내 부하 직원인 니시가와였다. 입사 4년차인 니시가와는 자기 일만 끝나면 재빨리 퇴근했고 말을 걸어도 별 대꾸가 없었다. 고객과 몇몇 상사 앞이 아니면 잘 웃지도 않았고 표정은 늘 굳어 있었다.

오늘만 해도 신입사원에게 줄 자료를 만들라고 했더니 내 생각이랑 전혀 다른 결과물을 가져왔다. 나는 그 자리에서 조금 주의를 주었다.

"니시가와, 이 자료 말이야. 쪽수도 매기지 않았고 중요한 부분이 빠져 있어."

 니시가와의 기분이 상하지 않도록 최대한 신경 쓰면서 부드러운 말투로 타일렀는데 의외로 강하게 반발했다.

 "죄송합니다. 하지만 왜 처음부터 그렇게 말씀하지 않으셨죠? 서로 기준이 다르니 자세히 말씀해주셔야 제가 선배님이 의도하신 대로 할 수 있습니다."

 '어, 요것 봐라.' 하는 마음에 나도 가만히 있을 수 없었다.

 "확실히 얘기하지 않은 것은 내 잘못이지만 그 정도는 알아서 해야지. 좀 더 생각을 하면서 일하라고."

 니시가와는 내 얼굴을 쳐다보지도 않고 긴 한숨을 작게 내쉬었다. 그리고 감정이 실리지 않은 목소리로, "다시 할 테니 거기 두고 가세요."라고 말했다.

 결국 이런 식이기 때문에 나는 부하 직원에 대해서도 뒤탈이 없을 정도로만 가까이했다. 이쯤 되니 부하 칙원이 있다는 것은 '귀찮은 일만 늘어나는 게 아닌가?' 하는 생각까지 든다.

 "신입사원 시절이 마음 편하고 좋았어요."

 내 자리로 돌아와 옆자리의 다무라에게 말을 걸었다. 다무라는 안경의 오른쪽을 중지로 살짝 올리며 무슨 일이냐는 듯이 고개를 돌렸다.

 "야아, 나도 이제 곧 서른이야. 다무라 씨도 나랑 동갑이죠?"

분명히 나보다 연상일거라고 생각했지만 슬쩍 돌려서 물어보았다.

"무슨 소리예요? 전 스물여덟인데요."

"아, 미안. 나보다 한 살 어리군요. 내가 완전히 잘못 알고 있었네."

"그럼요, 완전히 잘못 알고 있었죠."

나는 속으로는 '스물여덟이든 서른이든 마찬가지'라고 생각하면서도 어쨌든 나이를 확실하게 정정해주었다. 다무라처럼 몸짓이나 목소리가 큰 사람이 나이도 좀 더 들어 보이는 것은 나만 느끼는 사실일까?

"왜 신입사원일 때가 마음 편하고 좋았다고 생각해요?"

"음, 왠지 그런 것 같아요. 모르는 게 있어도 물어보기도 쉽고, 책임도 윗사람이 지고. 시키는 대로만 하면 문제없잖아요."

이런 내 대답을 꿰뚫고 있었다는 듯이 다무라가 물었다.

"막상 서른 살이 코앞으로 다가오니, '나는 이대로 괜찮은가?' 하는 생각도 들지요?"

내 생각을 정확히 맞추었기 때문에 조금 머쓱해졌다. 도대체 여자들은 왜 이렇게 예리한 것일까?

"직원 식당에 가려는데, 같이 갈래요? 우리 얘기 좀 해요."

나는 종종 다무라와 이야기를 나누다가 함께 점심을 먹곤 했다. 다무라는 생각을 직설적으로 말하는 편으로 성격이 조금 강했다. 하지만 성격이 시원시원해 대화하기 좋은 상대이다.

"다무라 씨는 왜 영업부로 왔어요?"

나는 입사하고 1년 후 원하지 않는 영업부로 발령받아 억지로 자리를 지키고 있었다. 하지만 다무라는 자원해서 영업부로 온 사람이었다. 나는 예전부터 그 이유가 궁금했다. 직원 식당으로 가면서 오랫동안 마음에 품고 있던 질문을 던졌다.

"새삼스럽게. 내가 영업부로 온 지도 벌써 4년째예요."

"사실, 오래 전부터 궁금했어요. 난 영업이 별로 적성에 맞지도 않고 좋아하지도 않아요. 다른 부서로 옮겨달라고 말은 해놓았는데 아직까지 아무 소식이 없어요."

다무라는 내 말을 듣더니 분명하지만 상냥한 태도로 이야기했다.

"그건 나도 마찬가지예요. 영업이 좋아서 영업부에 자원한 것은 아니에요. 그냥 나의 가능성을 시험해보고 또, 좀 더 성장하고 싶었어요."

다무라는 담담하게 이야기했지만 나는 전혀 공감할 수 없었다.

'여기 꿈같은 이야기만 하는 사람이 또 한 명 있군. 사실은 일도 힘들고, 재미있지도 않으면서' 하는 생각이 들었다.

"게다가 고객을 직접 대하는 것도 재미있잖아요."

다무라는 이렇게 말하면서 활짝 웃었다. 그 미소에는 거짓이 조금도 없어 보였다.

직원 식당은 뷔페식이었다. 우리는 각자 접시에 음식을 담은 뒤에 식당 한 구석에 앉았다.

"그런데 토오 씨는 어떤 부서로 옮기고 싶어요?"

"원래 기술 개발 쪽 일을 하고 싶었어요. 세상 사람들이 원하고 필요로 하는 뭔가를 만드는 일에 왠지 마음이 끌리더라고요. 멋지잖아요?"

"혹시 토오 씨도 어릴 때부터 자동차 좋아했어요?"

"당연하죠. 엄청 좋아했어요. 미니카를 모으기도 하고 조립식 장난감을 만들기도 했어요. 자동차에 관심이 생길수록 자동차의 구조가 마음에 쏙 들었어요. '어떤 부품들이 모여 이렇게 멋진 차가 나오나?' 하는 생각을 하면 설레기도 하고 두근거리기도 했어요."

"그럼, 어렸을 때부터 자동차랑 관련된 일을 하고 싶었던 거예요?"

"맞아요. 중학교 다닐 때부터 이쪽 일을 하고 싶었어요. 혹시 그 영화 알아요? 주인공이 하늘을 나는 자동차를 발명해서 그걸 타고 과거나 미래로 가서 전쟁을 막기도 하고 어려운 사람을 도와주기도 하는 영화인데, 본 적 있어요?"

어린 시절의 꿈을 이야기하다 보니 내가 누구인지 분명해지는 듯했다.

"있어요! 그 영화 대 히트였죠. 아마 우리 또래 중에 그 영화를 안 본 사람 거의 없을 걸요. 정말 내용이 신선했어요. 나도 아주 좋아했던 영화예요."

"맞아요. 당시 그 영화를 보고 나도 '저런 차를 만들고 싶다.'는 꿈을 가지게 되었어요. 그리고 결국 이 회사에 입사했고요."

"그런데 입사하고 1년 있다 영업부로 와서 지금까지 이대로 있단 말이죠?"

내가 할 말을 다무라가 대신해 주었다.

"맞아요. 이젠 더 이상 회사에 아무런 기대도 안 해요. 매일매일 이런 생활을 하는 게 지겹지만 앞으로도 별로 달라질 게 없을 거라고 생각하니까."

"뭐예요? 그런 허무한 말을 하고. 회사에 기대하는 것을 포기했다고 설마 자신에 대한 기대마저 버린 거예요? 스스로 '이상'에 다가갈 수 있는 방법을 생각해보는 게 어때요?"

'이상'이란 멋진 말이 어색해서 나는 혼자 웃었다.

"하하하, 다무라 씨. '이상'은 어차피 '이상'일 뿐이에요. 현실이 될 수 없으니까, '이상'인 거지요."

하지만 그녀는 진지한 얼굴로 대답했다.

"그렇지 않아요. '이상'을 제대로 그려보지도 않은 채, 그저 눈앞에서 일어나는 현실에만 얽매이는 거 아니에요? 지금부터라도 토오 씨의 '이상'을 생각해 보세요."

나는 점점 다무라와 이야기하는 것이 은근히 성가시게 느껴졌다.

"음, 말이 통하는 아름다운 상사가 있고, 내가 시키는 일이라면 뭐든지 척척 해내는 지혜로운 부하가 있어서, 가만히 있어도 일이 술술 풀리는 거. 그게 바로 내 '이상'이에요."

빈정거리듯이 본심을 이야기하자, 다무라는 눈을 치켜뜨고 한심스러운 듯이 쳐다보았다. 그리고 조용하고 낮은 목소리로 말했다.

"그렇다면, 토오 씨는 지금 여기 있을 필요가 없네요. 토오 씨의 존재 가치는 이 회사에서 제로예요."

'결국, 이런 심한 말까지 듣는구나!' 하는 생각에 기분이 상하면서도 다무라의 말을 인정할 수밖에 없었다.

정말 내가 이 회사에 있는 의미가 하나도 없을까? 아예 나라는 사람의 존재 가치가 바닥으로 떨어진 기분이 들었다. 하지만 그냥 있을 수만은 없어서 나 자신을 정당화하는 말을 꺼냈다.

"하지만 잘 생각해봐요. 이 회사엔 고지식하고 까다로운 사람들이 너무 많아요. 나 혼자 열심히 해보려 해도 전혀 변하지 않아요. 일개 사원이 직장 풍토를 바꾼다는 것 자체가 가능할 리 없잖아요. 하토리 부장은 상대방의 입장은 생각하지도 않고 무리한 지시만 내리죠. 그걸 아무리 열심히 해놔도 모자란 부분만 지적하고 거기다 후배 녀석들은 죄다 건방진 놈들뿐이에요."

다무라가 내 말을 듣고 있는지 어떤지 표정으로는 통 알 수가 없었다. 이대로 대화를 계속하면 분위기만 점점 어두워질 것 같았다. 다무라도 그런 생각이 들었는지, 우리는 누가 먼저랄 것도 없이 이야기를 최근에 결혼한 연예인과 텔레비전 프로그램 쪽으로 돌렸다. 하지만 머릿속에서는 좀 전의 화제가 계속 맴돌았다.

내게 일이란 그저 살기 위한 수단에 지나지 않았다. 가능하면 번거로운 일은 하고 싶지 않았다. 또, 새로운 일을 배우거나 해보고 싶다는 생각이 들어도 조금이라도 어려울 것 같으면 빨리 포기했다.

이런 내가 속해 있는 영업부에는 팀장이 없다. 아마도 그 역할을 감당할 만한 적임자가 없기 때문일 것이다. 현재 부팀장이나 마찬가지인 내가 조금만 더 능력이나 재능을 발휘한다면, 그 빈자리를 채울 수도 있을 것이다. 하지만 난 팀장이 되고 싶은 마음이 없었다. 지금보다 할 일이 늘어나는 건 그저 무거운 짐이라고 생각하기 때문이었다. 나는 '무엇을 하고 싶어 하는지, 앞으로 어떤 인생을 살고 싶은지'를 도무지 모르고 있었다.

　내 입사 동기들은 현장에서 올린 실적을 인정받아 차츰차츰 승진하고 있었다. 가끔 회사를 옮겨 몇 계단이나 승진하는 친구도 있었다. 저마다 나름대로의 괴로움은 있겠지만, 모두 자신에게 맞는 일을 하며 즐겁게 지내는 것 같았다. 나는 그런 동기들이 부러웠다. 남의 떡이 더 커 보인다는 것은 이런 경우를 두고 하는 말일까? 내 떡은 너무 작고 맛도 없어 보였다.

　이렇게 무기력한 하루하루가 계속될수록 더욱 나 자신이 한심했고, 온몸이 축 처질 정도로 무겁게 느껴졌다. 살아가는 의미도 일하는 이유도 모른 채, 나는 '무엇을 위해 아침마다 만원 전철에 시달리며 출근하는 것일까?' 스스로에게 물어보았지만 답을 알 수 없어 괴롭기만 했다. 그저 흘러가는 물에 휩쓸리듯 그렇게 일하고 있을 뿐이었다.

　다른 사람들에게 즐거움을 주는 사람이 되고 싶지만, 어떻게 해야 할지 방법을 모르겠다. '가슴 설레는 일을 하고 싶다.'는 소망도 계속 가슴 한편에서 지워지질 않았다. 이런 생각은 어렸을 때, 늘 자랑스럽게 일하시던 아버지를 보면서 품게 된 것 같다.

　"저 영화에 나오는 것처럼 하늘을 나는 자동차를 만들고 싶어!"
　중학생인 내가 그런 이야기를 하면 대부분의 사람들은 웃으면서 귀담아 듣지 않았다. 하지만 아버지는 달랐다. 보통 때는 과묵한 분이셨는데 내가 자동차 이야기만 하면 늘 기뻐하며 들어주셨다.

아버지는 5년 전부터 건강이 나빠져 입원과 퇴원을 반복하시더니, 결국 1년 전에 돌아가셨다. 아버지는 퇴원하시고 몸이 좀 괜찮다 싶으시면 가족과 동료들이 아무리 말려도 회사에 나가서 일하실 만큼 일을 사랑하는 분이셨다.

아버지가 흐려가는 의식을 겨우 지탱하며 남기신 유언이, 어제 들은 이야기처럼 생생하게 기억났다.

"하루하루를 인생 최고의 날로 만들어라."

언젠가 내 인생도 아버지의 삶처럼 끝날 테니 오늘이라는 하루를 소중하게 살아보고 싶어졌다.

행복을 부르는 골판지

"오니지마, 오늘 어땠어?"
"아, 토오. 넌 어땠어?"
"음, 전체적으로 인상은……."
"약간 별로?"
마음이 잘 맞는 오니지마와 나는 서로 마주보며 낄낄 웃었다.
"그냥 웃음만 나와. 미팅이 다 그렇지 뭐."
내가 시원스럽게 훌훌 털어버리듯 말했다. 오니지마는 오른손으로 쓰지도 않은 안경을 올리는 척하면서 왼손의 집게손가락을 세워 차창 와이퍼처럼 흔들며 말했다.

"아냐, 아냐. 아무래도 우리만 그런 것 같진 않아. 대개 이럴 땐 저쪽도 우리를 '약간 별로'라고 느끼는 법이지."

"그렇겠지?"

"이런 걸, '거울 효과'라고 해."

"하하하!"

오니지마는 4년 전까지 같은 부서에서 일하던 입사 동기였다. 힘든 신입사원 연수를 함께 하면서 속내를 털어놓는 사이가 된 우리였다. 우리는 농담도 거리낌 없이 주고받으며 고민도 스스럼없이 털어놓는 술친구이기도 했다.

"그런데 그 '거울 효과'라는 거 어디나 적용할 수 있는 것 같지 않아?"

한 잔 더하기 위해 들어간 주점에서 나는 오니지마에게 물었다.

"글쎄, 그럴지도. 내가 싫어하는 상사가 있다면 그 사람도 나를 싫어한다 이 말인가?"

"아니지. 내가 먼저 싫어한 건 아니고 하토리 부장이 먼저 나를 싫어한 거야. 요즘은 최악이야. 그렇게 성격 더러운 상사는 어딜 가도 없을 거야."

나는 하토리 부장을 잘 알고 있는 오니지마에게 만날 때마다 불평을 털어놓았다. 오니지마가 이상하다는 듯이 얘기했다.

"그런데 하토리 부장 말이야, 우리가 신입사원이었을 때만

해도 아주 친절한 상사였는데 어쩌다 그런 괴물로 변한 걸까?"

"나도 그게 궁금해. 아무튼 그 작자가 내 상사만 아니라면 삶이 더 즐거울 거야."

"이건 어때? '거울 효과'에 따라 네가 먼저 변하는 거야. 그럼 하토리 부장도 변하지 않을까?"

"말도 안 돼. 먼저 뭘 어떻게 하라는 거야? 설령 어떻게 해야 할지 안다고 해도 행동으로 옮기고 싶지 않아. 하토리 부장이 먼저 변하지 않으면 방법이 없어."

"무슨 말인지 알겠는데……."

"네 회사에도 하토리 부장 같은 사람 있지 않아?"

"어어, 있지."

"그 작자랑 어떻게 지내?"

"글쎄, 그냥 잘 지내. 뭐라고 하면 귀담아 듣는 척해. 그럼 별 문제 없이 넘어가거든."

오니지마는 대수롭지 않다는 듯이 계속 말을 이어갔다.

"일일이 들들 볶아대는 사람이 제일 피곤해. 그래서 가능하면 부딪히지 않으려고 시키면 시키는 대로 해버려.

"그래? 그럼 문제없는 건가?"

나는 오니지마의 대응 방법이 꽤 괜찮다는 생각이 들었다.

좋아. 나도 내일부터 그렇게 해보자!

오늘 하루도 끝났다. 인생 최고의 날은커녕, 늘 그렇듯이 괴로운 하루였다. 조금이라도 피곤함을 덜기 위해, 회사에서 15분이면 걸어갈 수 있는 곳으로 이사를 했다. 게다가 요즈음은 야근까지 줄었는데도 왠지 피로감은 더욱 짙어졌다.

슬슬 각종 청구서가 날아올 날짜가 되었다는 생각에, 우편함에 손을 넣어 쌓여 있는 우편물을 한 다발 꺼냈다. 그때 내 발 밑으로 흰 봉투 하나가 툭 떨어졌다. 주워보니 봉투엔 우표도 우체국 소인도, 내 이름이나 주소도, 심지어는 보낸 사람 이름도 없었다. 왠지 기분이 나빠 주위를 둘러보았지만 누군가 나를 지켜보는 것 같지는 않았다. 허둥지둥 열쇠를 꺼내 내 방문을 열고 안으로 들어갔다. 나는 궁금한 나머지 옷도 갈아입지 않고 봉투부터 열어보았다. 봉투 속에는 삼등분으로 접힌 B5 크기의 종이가 한 장 들어 있었다. 종이엔 이렇게 쓰여 있었다.

어떤 일이든
자기답게 하면 꿈이 된다.

"뭐야, 이건?"

도대체 무슨 소린지 알 수 없었다. 그냥, 누군가의 장난일까? 도대체 누가 이런 짓을 한 것일까? 봉투에 주소나 이름이 없는 것을 보니, 누군가 착각하고 내 우편함에 넣어둔 것 같기도 했다. 주인이 다시 찾으러 올지도 모른다고 생각하며, 편지에 적힌 글귀를 다시 한 번 쳐다보았다. '어떤 일이든 자기답게 하면 꿈이 된다.'

말도 안되는 소리다 싶어 편지를 아무렇게나 봉투에 넣고, 테이블 위로 던져버렸다. 그리고 그대로 침대 위에 쓰러졌다.

내가 꿈에 대해 말하거나 생각한 것은 고등학교를 다닐 때까지였다. 꿈이란 '거창하고 가슴 설레야 한다.' 고 생각했기에, '어떤 일이든 꿈이 된다.' 는 말은 터무니없게 들렸다.

냉큼 샤워를 하고 자야겠다고 생각했지만 몸이 침대에서 떨어지질 않았다. 눈을 감으니 왠지 돌아가신 아버지가 생각났다.

"아빠, 그렇게 일이 재미있어?"

"그럼, 재미있고 또 재미있지."

"아빠 일은 단순히 골판지에 글씨 인쇄하는 거잖아. 그런 일이 뭐가 그리 재미있어?"

"그냥 골판지에 문자를 인쇄하는 것처럼 보여도 사실은 마법을 걸고 있거든."

아버지는 내 눈높이에 맞추어 허리를 굽히시고 정말 즐거운 듯이 이야기하셨다.

"정말? 무슨 마법?"

"인쇄 일을 맡긴 회사, 백지 상태의 골판지를 아빠에게 파는 사람, 그리고 앞으로 이 골판지를 만질 사람, 그냥 보기만 할 사람까지도 모두가 행복해지는 마법을 걸고 있지. 그래서 아빠가 만드는 골판지를 '행복을 부르는 골판지'라고 하는 거야."

"모두 행복해진다는 거 멋지긴 하지만 아무도 아빠의 그런 마음 모르잖아?"

"알아주든 말든 상관없어. 모두가 행복하면 그걸로 좋아."

"모두가 행복해지면 아빠도 좋은 거구나!"

"그럼, 아빠는 이 일이 즐겁고 가슴 설레 어쩔 줄 모르겠어."

"모두가 아빠에게 고맙다고 하는 것을 보면 모두가 행복해졌다는 증거겠지?"

"그럼, 오히려 아빠가 고맙다는 말을 하고 싶어. 아빠가 이렇게 즐겁게 일을 할 수 있는 것도 모두 그 사람들 덕분이거든."

"나도 커서 아빠가 하는 일 해보고 싶어!"

"그래? 하지만 이 일을 일단 시작하면 그만두기 힘들 텐데. 그래도 괜찮아?"

"즐겁긴 해도, 그만 둘 수 없다는 거야? 그런 건 상관없어!"

"하하하!"

일 얘기를 할 때면 아버지는 언제나 웃는 얼굴이셨고 나는 그런 아버지의 모습이 어딘지 모르게 자랑스러웠다.

아버지는 마을의 작은 공장에 다니셨다. 그곳에서 주로 기업이나 상품의 이름, 메시지를 무늬가 없는 골판지에 인쇄하는 일을 하셨다. 초등학교 저학년 때까지는 아버지가 마냥 멋있어 보였다. 하지만 세상 물정을 좀 아는 나이가 되자 아버지가 수수하시고 검소하시기는 해도 멋진 분은 아니라는 생각이 들었다. 다른 사람들이 아버지의 직업을 물어보면 당당하게 말하지 못할 때도 많았다.

하지만 아버지는 그런 내 마음과는 상관없이 늘 즐겁게 일하셨다. 매일 아침 정해진 시간에 집을 나섰고, 돌아올 때면 언제나 "오늘도 즐거운 하루였어."라든가, "오늘, 이런 일이 있었어."라고 혼잣말처럼 인사하시곤 했다. 또, 고객이 보내온 감사 편지를 자주 가족들에게 보여주셨다. 돌이켜 생각해보니 아버지는 불평을 단 한 번도 하신 적이 없었다. 불평은커녕, 늘 웃는 얼굴이셨다.

고등학교 때 용돈을 벌기 위해 아버지가 일하시는 공장에서 아르바이트를 한 적이 있었다. 옷은 먼지투성이가 되었고 손에는 잉크가 잔뜩 묻어 잘 지워지지 않았다. 게다가 근육통까지 생겨 온몸 여기저기가 아팠다. 도대체 아버지는 이런 일이 뭐가 재미있으시다는 것인지 이해할 수 없었다.

하지만 어른이 되고 보니 생각이 달라졌다. 아버지가 살아계실 때 어떻게 일을 그렇게 즐겁게 할 수 있었는지 물어보지 못한 게 후회스러웠다. 아버지가 그 비결을 가르쳐주셨다면 지금처럼 일하기 싫어 괴로워하는 처지가 되지는 않았을 것이다.

나는 지금 하고 있는 일도, 또 그 일을 하는 나 자신도 별로 마음에 들지 않았다. 그래서 업무나 부서가 바뀌길 바라면서 회사에서 간신히 버티고 있었다. 사실은 좀 더 나답게, 좀 더 즐겁게 살고 싶었다. 하지만 지금과 같은 상사 밑에서 지금과 같은 일을 하는 한, 도저히 이룰 수 없는 꿈이었다.

이런 내 머리 한구석에는 '기회가 생긴다면 언제든 이직하고 싶다.'는 생각으로 가득 차 있었다. 이직의 우선 조건은 지금보다 즐겁게 일할 수 있는 환경이었다. 물론 대우도 지금보다 좋아야 했다. 게다가 마음을 열고 무엇이든 이야기할 수 있는 동료들이 있는 것도 빼놓을 수 없는 조건이었다.

이런 회사가 실제로 있을지는 의문이었다. 어차피 지금의 나라면 어떤 일을 해도 마찬가지일 것이다. 하지만 지금 이대로 지내는 것은 너무 괴로운 일이었다. 도대체 어떻게 해야 할까?

이제 이런 고민을 하는 것 자체도 귀찮아졌다. 아무리 고민해

보아도, 결과는 늘 마찬가지였다. 이런 답답한 기분을 샤워나 하면서 흘려보내야겠다는 생각에 욕실로 향했다. 아무리 고민해봤자 소용없다. 어떤 일을 선택한다 해도 어차피 세상엔 괴로운 일만 가득하니까. 마지막엔 항상 그런 식으로 스스로를 체념하며 하루를 마쳤다.

긴 터널

　부하 직원인 니시가와는 젊은 녀석이 패기라곤 눈곱만큼도 없었다. 언제나 멍하니 무표정한 얼굴로 어떤 일에도 흥미가 없어 보였다. 뭘 물어보면 흐지부지 답하거나 대충 얼버무리기 때문에 말을 걸 마음이 내키지 않았다. 늘 무기력하게 정신을 딴 데 팔고 있는 그런 녀석과 함께 일하는 것은 맥 빠지고 제대로 되는 일이 없는 고역이었다. '어쩌다가 이런 녀석이랑 함께 일하게 되었나?' 하는 한탄이 절로 나왔다. 우리를 한 팀으로 묶은 하토리 부장이 미워질 정도였다.
　니시가와가 부하 직원인 이상, 내게는 일을 가르쳐줄 책임이 있었다.

"니시가와, 오늘 고객은 시키 자동차 측이야. 그 동안 방문 이력은 훑어봤어?"

"아아, 네. 대충……."

니시가와는 일이 정말로 지루하다고 온몸으로 말하는 듯했다. 그래서 나는 일부러 '더더욱 어렵고 중요한 일만 시켜야겠다.'고 생각했다.

"무엇을 어떤 순서로 소개해야 하는지 잘 체크했지?"

"네? 무슨 뜻인가요?"

"준비를 완벽하게 했는지 묻고 있는 거야."

"네, 아마……."

"그럼 오늘은 자네가 고객한테 설명하는 거야. 좋지?"

이렇게 해서 나는 니시기와랑 한 팀이 되어 고객을 만나러 갔다. 하지만 니시가와의 상담은 영 서툴렀다. 차분하게 가라앉아 있는 니시가와의 어조는 고객의 흥미를 불러일으키지 못했고 간혹 질문을 받으면 "그 부분은 아직 준비하지 못했습니다."라든가, "그 부분은 한 번 더 조사해보지요." 하는 식으로 대충 넘어갈 뿐이었다. 제대로 된 설명은 거의 하질 못했다.

"전 바빠서 이만……."

니시가와가 잠시 숨을 돌리는 사이에 고객이 먼저 자리에서 일어났다. 우리 두 사람은 쫓기듯이 출구로 나오며 그날의 상담을 끝내야 했다. 역까지 가면서 나는 니시가와의 상담 태도에 대해 무조건 꾸짖었다.

"니시가와, 자넨 뭘 물어봐도 늘 성의 없이 대답해. 아까 고객한테도 그러던데, 조심하라고."

나는 앞을 향해 걸으면서 분명하게 말했다.

"게다가 여기 오기 전에 '준비가 다 되었냐?'고 물었을 땐 그렇다고 하더니 어떻게 된 거야? 완전 준비부족이던데."

내가 뒤를 돌아보니 니시가와는 미간을 찡그리며 말없이 듣고 있었다. 그리고 예상대로 오히려 화를 내며 변명하기 시작했다.

"둘이서 같이 방문하는 일에는 서로 정보를 공유하고 대화를 나누는 과정이 필요한 거 아닌가요? '준비가 되었느냐'고 물어보셨을 때엔 제 나름대로는 다 했다고 생각해서 그렇게 대답한 겁니다. 왜 서로 정보를 공유하자고 하지 않으셨죠? 솔직히 선배님은 항상 일방적이십니다."

늘 그렇듯이 건방진 말투였다.

"일이 지루해서 그러는 건지, 싫어서 그러는 건지는 잘 모르겠지만 그 태도 좀 어떻게 고칠 수 없어?"

"그러는 선배님의 태도는 어떻습니까? 가능하면 일을 적게 하고 싶다고 생각하시지 않으십니까? 아닙니까?"

그때 나는 처음으로 니시가와의 눈을 똑바로 본 탓인지, 생각지도 않은 말을 들은 탓인지 모르겠지만 잠시 할 말을 찾지 못했다.

"전 서점에 들렀다 가겠습니다. 그럼 내일 뵙겠습니다."

니시가와는 이렇게 말하고 옆에 있던 큰 서점으로 사라져버렸다. 혼자 역 쪽으로 걸어가다 보니 점점 더 화가 치밀어 올랐다. 왜 후배한테까지 이런 말을 들어야 하는 것일까? 어쩌면 내 업무 태도에 문제가 있다고 말하고 싶었던 것은 아닐까? 아니다. 건방진 니시가와는 단순히 내게 상처를 주려고 일부러 그런 말을 했을 것이다. 생각하면 생각할수록 화가 났다. 앞으로도 계속 니시가와와 영업을 하러 나갈 생각을 하니 한없이 우울해졌다.

집에 돌아와 우편함을 여니, 전단지가 잔뜩 들어 있었다. 그 중에서 편지나 엽서를 골라내다가 멈칫했다.

"또 왔어!"

지난번과 똑같은 흰 봉투가 보였다. 게다가 이번에는 전단지 몇 장을 사이에 두고 흰 봉투가 하나 더 있었다. 도대체 무슨 내용이 쓰여 있을지 은근히 궁금했다. 나는 방으로 들어가며 오늘은 편지 내용을 제대로 이해해보리라고 마음먹었다.

샤워를 하고 잠자리 준비를 마친 뒤, 편지를 꺼내 읽어보았다.

버럭 화가 날 때는
나에게 문제가 있는 것이다.

"뭐야, 이건!"
마침 오늘, 니시가와의 일이 생각났다. 마치 설교를 듣는 것 같았다. 그 녀석이 조금만 잘했더라면 내가 그렇게 화를 내지도 또 그런 말다툼을 하지도 않았을 것이란 생각이 들었다. 나는 보던 편지를 옆에 두고 나머지 한통도 열어 보았다.

다른 사람을 변화시키는 가장 좋은 방법은
내가 먼저 변하는 것이다.

뭐야! 이번에도 또 설교잖아!
아무리 내가 바뀌어도 그 건방진 니시가와가 바뀔 리 없지 않은가? 나는 찢어버리려는 생각으로 편지지 윗부분을 엄지와 검지로 잡았다. 하지만 이 편지가 나한테 보낸 편지가 아닐 수도 있다는 생각이 불쑥 들었다.

'그래, 이건 나한테 온 게 아닐 거야. 도대체 무슨 말인지도 모르잖아. 버럭 화가 날 때엔 상대방이 그 원인을 제공했기 때문이지. 그렇지 않고서야 내가 열 받을 이유가 없잖아.'

나는 내일 다시 니시가와에게 따끔하게 한 마디 해야겠다고 생각했다. '제멋대로 구는 신입사원을 선배로서 확실하게 가르쳐야겠다.'고 결심했다.

※

"니시가와, 잠깐 얘기 좀 할까?"

복사를 하던 니시가와가 내 쪽으로 돌아서기도 전에 어제 일에 대한 이야기부터 끄집어냈다.

"저, 어제 일 말인데 둘이 함께 나갔던 것이니까 내게도 책임이 있다고 생각해. 그렇다고는 해도 내가 선배인데……."

'선배로서의 위엄을 느끼게 하면서 주의를 주어야겠다.'고 생각했다. 하지만 니시가와는 여전히 내 쪽은 쳐다보지도 않고 복사를 계속했다.

"니시가와! 지금 그 태도는 뭐야? 상대방이 얘기를 하면 쳐다보기라도 해야 할 거 아니야. 그게 상식 아니야?"

"……."

여전히 니시가와는 내 쪽은 쳐다보려고도 하지 않았다.

"이봐!"

"……"

나는 무시당하는 것을 애써 참으며 침착하게 이야기했다.

"좋아, 그냥 들어. 자료를 작성했으면 내게 보여주면서 질문을 하든가, 의견을 물어보든가 했어야지."

"……"

"매사에 그렇게 수동적이어서 되겠어?"

"……"

스윽-스윽-삐-

복사기만 내 말에 반응하고 있는 것 같았다.

"이봐, 웬만하면 내 말에 반응 좀 하는 게 어때?"

"네."

니시가와는 작은 목소리로 대답하더니 복사된 종이 다발을 양손으로 들고 총총 걸음으로 자리를 떠났다. 전혀 내 말을 듣고 있지 않았다. 쫓아가서 한 방 차버리고 싶을 정도로 화가 나서 몸이 부들부들 떨렸다.

그때 누군가 뒤에서 말을 걸었다.

"저, 복사 좀 하려는데 괜찮죠?"

나는 상대가 누구인지도 확인하지 않고 반사적으로 째려보았다.

"어머, 토오 씨! 무서워요, 그 얼굴. 그렇게 화내봤자 자기만 피곤할 뿐이에요."

다무라가 웃으며 서 있었다. 내가 니시가와에게 무시당하는 것을 지켜보고 있던 게 분명했다. 조금 창피하긴 했지만 그렇다고 화난 감정이 누그러지지는 않았다.

"이젠 저 녀석 정말 지긋지긋해. 저런 인간과 한 팀이 된 내 신세를 누가 알겠어. 으으 열 받아."

다무라는 내 쪽을 흘끗 보더니, 복사기로 시선을 돌렸다.

"뭔 말을 해도 잘 듣지도 않고 대답도 안 하고 자기 실수를 인정하거나 사과할 줄도 몰라. 안 믿어지죠? 정말, 태도가 너무 불량해."

"원인은요?"

"응?"

"왜 니시가와가 그러는지, 무슨 생각을 하고 있는지 고민해 본 적 있어요?"

나는 생각 없이 말을 툭 내뱉었다.

"하하! 고민한다고 해서 그런 걸 어떻게 알겠어요. 저런 부류의 생각 따윈 알고 싶지도 않아."

"화내지 말고 잘 생각해봐요. 자신에게 원인이 있는 건 아닌지."

'버럭 화가 날 때는 나에게 문제가 있는 것이다.' 문득 흰 봉투 안에 들어있던 편지글이 떠올랐다. 하지만 애써 그런 글 따위는 무시하려 했다.

"내게 원인이 있다니? 그런 건 없어요. 저 인간한테 문제가 있는 게 분명해."

다무라는 내 완강한 태도에도 조금도 주눅이 들지 않았다.

"토오 씨는 니시가와가 알기 쉽게 설명했어요? 말투는 어땠어요? 듣는 사람이 일할 마음이 생기게 했나요?"

와! 이젠 다무라도 내게 설교하는 것인가. 한눈에 봐도 못마땅한 표정이 드러났는지, 다무라의 말투가 조금 누그러졌다.

"나도 남의 일에 대해 이러쿵저러쿵할 처지는 아니지만 다른 사람을 배려하는 마음가짐이 중요하다고 생각해요. 원래 부하 직원들은 상사의 몸짓 하나하나까지 다 지켜보고 있거든요."

스윽-스윽-삐-

기분을 호소할 곳이 없어진 나는, 작은 목소리로 중얼거렸다.

"복사기는 좋겠어. 누구와도 이야기 안 해도 좋으니까."

"토오 씨, 나도 예전에 비슷한 경험을 했어요. 지금 심정이 어떤지 잘 알죠. 하지만 늘 불만만 쏟아놓는 상사를 따르는 부하 직원은 없는 법이에요. 그래서 불만은 최대한 말하지 않고 늘 웃는 얼굴로 부하 직원들을 대하는 상사가 되려고 애쓰고 있어요. 우선은 내가 어떤 상사이고 싶은지가 문제죠. 물론 이렇게 잘난 듯이 하는 얘기도 사실 스스로에게 늘 타일렀던 말이에요."

다무라는 나를 위해 이런저런 이야기를 했지만, 그럴수록 반발심만 생겼다. 자꾸 말대꾸를 해봤자 대화는 평행선을 그릴 것만 같았다.

"아, 그래요."

적당히 대답하고는 음료수를 뽑으러 엘리베이터 근처의 자판기 쪽으로 갔다. 나는 이대로 자리에 돌아가 옆자리의 다무라와 또 마주치는 게 싫었다. 나는 자판기에서 주스 캔을 하나 뽑아 들고 옥상으로 올라갔다. 하늘은 잔뜩 흐렸고 바람 한 점 불지 않아 공기는 탁했다. 멀리 있는 빌딩들이 유리창을 통해 보는 것처럼 뿌옇게 보였다. 견딜 수 없을 정도로 비참한 기분이 들었다. 윗사람에겐 늘 야단맞고 동기로부턴 동정 받으며 아이 취급당하고 후배한테는 무능한 상사 대접을 받는 한심한 인간! 이런 나를 도대체 어떡하면 좋을까?

✽

그 후, 평소와 다름없는 며칠이 흘렀다. 굳이 변한 것이 있다면 집에 돌아오자마자 우편함부터 열어보는 습관이 생겼다는 것이다. 하지만 그 괴상한 편지는 한동안 오지 않았다. 오늘도 나는 집으로 돌아오는 길에 무언가를 기다리는 사람처럼 우편함부터 열어보았다.

"왔다!"

이런 흰 봉투 따위는 무시하겠다고 생각했는데도 왠지 신경이 쓰였다. 그 속에 무슨 말이 담겨 있을지도 무척 궁금했다. 결국 나는 방에 들어갈 때까지도 참지 못하고 그 자리에서 봉투를 열어보았다.

극한의 고통 속에서
무엇을 얻을지 생각하라.

고통에서 얻을 수 있는 것이 있기는 할까? 설령 그런 것이 있다 하더라도 고통을 피하는 것이 먼저 아닌가? 괴로울 때 얻을 수 있는 게 도대체 무엇일까? 어쩌면, 그런 것은 없을지도 모른다. 지금 내게 중요한 것은 고통을 피하고 즐거움을 맛보는 것이다. 아무런 고민이 없는 좋은 곳으로 가서 다른 사람들의 시선 따위는 무시하고 다른 사람의 충고나 잔소리를 듣지 않았으면 좋겠다. 그렇게 내 마음대로 자유롭게 살아보았으면…….

하지만 그런 일은 절대 있을 수 없었다. 불가능한 일을 생각하는 자체가 헛된 일이었다. 이제 나는 지쳤다. 이런 현실로부터 도망갈 수만 있다면……. 나는 고통스러운 현실을 조금이라도 잊어보려고 텔레비전을 켰다.

준비하는 자와 준비하지 않는 자

"휴우~"
"왜 그래? 갑자기 한숨을 쉬고."
내 한숨 소리를 듣고 건너편에 앉아 있던 오니지마가 싱글거리며 물었다.
"난 일요일 밤이 세상에서 가장 우울해. 내일이면 일터로 가야 되잖아."
접시 위에서 차갑게 식어 있는 꼬치구이를 빙글빙글 돌리며 말했다.
"일을 해야 월급을 받고 월급을 받아야 먹고 살지."

"지당하신 말씀. 그래서 더 비참한 거야. 먹고 살기 위해 하기 싫은 일을 억지로 하는 내 처지가 불쌍해."

"하지만 토오, 일을 하다보면 재미있다든가 기쁘다든가 하는 순간이 있지 않아?"

나는 고개를 내둘렀다.

"글쎄, 넌 4년 전에 우리 회사 그만둔 뒤부터 줄곧 하고 싶은 일을 하니까 좋을 수도 있겠지. 하지만 난 그때나 지금이나 하기 싫은 일을 억지로 하고 있다고."

"또 그 얘기야? 내가 이직한 게 그렇게 질투 나냐?"

오니지마가 얼굴을 일그러뜨려 웃으면서 대꾸했다.

"아냐. 그런 건 아니고, 그냥 나도 일을 즐겁게 하고 싶어. 하지만 다 재미가 없어. 봐, 저쪽에 있는 아저씨들 모두 간부 같은데 아까부터 잔뜩 취해서 부하 직원 욕만 하고 있어. 이쪽에 있는 젊은 사원들은 누가 더 중요하고 힘든 일을 하는지 경쟁하고 있고 샐러리맨들의 지겨운 일상이지. 만원 지하철에 시달려서 출근하느라 피곤하고 상사나 고객에게 맞춰주느라 피곤하고 업무 자료를 준비하느라 피곤해. 무슨 일을 하든, 하루하루가 피곤한 일투성이야."

나는 토해내듯이 불만을 얘기했다. 그러자 보통 때에는 재깍재깍 동의하며 맞장구를 쳐주던 오니지마가 잠시 뜸을 들이더니, 맥주를 한 모금 마시고 입을 열었다.

"그런 이야기만 하고 있으면 피곤하기만 해."

"이제 완전히 지쳐서 더 피곤할 것도 없어."

오니지마는 갑자기 온화한 표정을 지었다.

"일도, 인생도 모두 자기가 선택해서 지금 이렇게 된 거야. 무의식중에 그랬을 수도 있지만 결국, 모든 것이 자신의 선택에서 비롯한 게 아닐까?"

"그렇긴 해도 나랑 오니지마 네 경우는 달라. 우리 회사 실정을 잘 알잖아. 네가 다닐 때랑 지금도 똑같아. 어떻게 해볼 도리가 없어. 앞날을 생각하면 정말 불안해. 직장을 옮긴 네가 정말 부럽다."

"토오, 내가 이직을 선택한 것처럼 너도 지금 회사에 남기로 선택했다는 걸 기억해. 어차피 인생은 선택의 연속이야. 무엇을 선택할지는 결국 자기한테 달린 거야. 그렇게 선택한 것을 어떻게 느끼고 어떻게 거쳐 가는지도 자기한테 달린 거고. 지금 너를 괴롭히는 문제는 어느 회사에나 있는 것들이야. 네 회사가 딱히 아주 특별한 경우도 아니잖아. 문제를 해결하고 싶으면 네가 먼저 움직여보는 게 어때?"

"그래? 하지만 아무런 권한도 아무것도 없는 내가 움직인다고 해서 뭐가 달라지겠어? 어차피 회사는 간부가 결정한 대로 움직이는 곳이잖아. 나 따위가 어떻게 할 수 있는 곳이 아니야."

오니지마는 눈썹과 양어깨를 함께 위로 치켜 올렸다. 대부분 "네, 네." 하고 상대의 말을 가볍게 받아넘길 때 이런 몸짓을 한다는 것을 오랫동안 사귀면서 알게 되었다.

"야, 오니지마 어떻게 된 거야? 같이 술 마실 때마다 일하기 귀찮다, 지루하다, 매일 불평만 하던 너였잖아? 지난번부터 조금 변한 것 같아."

오니지마가 하는 말이 옳다는 것은 알겠지만 난, 그것을 인정하고 싶지 않았다.

"하하하! 최근에 나 자신부터 변해야겠다는 생각이 들 만한 일이 있었어."

"뭐야, 그 일이?"

"아, 별거 아니야. 신경 쓰지 마."

오니지마는 내게 무언가를 숨기는 것 같았지만 별로 말하고 싶지 않은 것 같았다. 그는 쑥스럽다는 듯이 웃으며 작은 목소리로 속삭이듯 얘기했다.

"지금은 잘 모르겠지만 조만간 너도 알게 될 거야."

나는 오니지마의 말을 못 들은 척 했다. 시간이 지나면 말해줄 것이라고 믿었다. 하고 싶은 말을 속 시원히 쏟아놓을 수 있는 친구를 만났다는 것만으로도 기분이 한결 좋아졌다. 집으로 돌아오니, 우편함에는 또 흰 봉투가 들어 있었다. 속에는 늘 그렇듯이 짧은 글귀가 들어 있었다.

보려고 하는 대로만 보인다.

말도 안 돼. 아무리 사각형으로 보려 해도, 둥근 것은 둥글게 보일 뿐이다. 흰 봉투 안에 들어 있는 편지는 늘 이렇게 말도 안 되는 주장을 했다. 이번에도 나는 편지글을 그대로 받아들일 수 없었다. 나른하고 답답한 기분을 그대로 안고 잠자리에 들었다.

✿

평소와 다름없이 지내기는 했지만, 머리 한 구석에서 남아 있는 오니지마가 했던 말이 불쑥불쑥 떠올랐다. '먼저 움직여 보라'니. 나는 그 말이 생각날 때마다 나 자신을 정당화할 수 있는 이유를 찾았다. 하지만 그 이유가 틀렸다는 생각이 들면 오니지마의 말 자체를 머릿속에서 몰아내려 했다. 그동안 서로 일에 대한 고민을 숨김없이 털어놓으며 지내온 오니지마가 요즘 왠지 조금 멀게 느껴졌다.

한동안 흰 봉투에 든 편지는 오지 않았다. 하지만 어느 날 아침 출근길에 우편함을 열어보니, 그 존재를 잊히지 않게 만들려는 듯 다시 흰 봉투가 들어 있었다.

흰 봉투 속의 편지들은 여전히 의미를 알 수 없는 종잇조각에 지나지 않았다. 하지만 그 알 수 없는 글들이 이상하게도 계속 마음에 걸렸다.

모든 것은 나로부터 시작된다.

"그래서?"

나는 또 흰 봉투 안의 말에 의문을 던졌다.

"그래서 어쨌다는 거야. 도대체 뭐가 시작된다는 건지……."

나도 모르게 큰 소리로 내뱉고는 깜짝 놀랐다. 지나가던 초등학생들이 킥킥거리며 나를 쳐다보았다. 나는 창피한 나머지 슬쩍 뒤로 돌아섰다.

도대체 누가 이런 식으로 계속 편지를 보내는 것일까? 발신인이 누구인지 알아내고 싶었다. 시간이 남아돌아 심심풀이로 이런 일을 할 리는 없고 분명히 무언가 전하려는 메시지가 있을 것이다.

이를테면, 특정한 사람에게 기한을 정해놓고 편지를 계속 보내고 있는 것은 아닐까? 정한 기간과 횟수에 도달하면, 멈출 것이다. 그다음은 어떻게 될까?

어쩌면 이 편지는 나한테 무언가를 팔려고 밑 작업을 하는 영업 사원이 보내는 것일지도 모르겠다. 아니면, 어디에 회원가입이라도 하라는 것일까? 여러 가지 상상을 해보았지만 도무지 실마리가 잡히질 않았다. 어쨌든 편지 내용으로 보건대 그렇게 두려워할 만한 일은 아닌 듯싶었다.

'모든 것은 나로부터 시작된다.' 내가 먼저 말을 꺼내지 않으면 아무것도 변하지 않는다는 말인가? 그렇다면, 니시가와에게 주의를 준 것은 잘한 일이었다. 새삼스럽게 내가 옳다는 생각이 들자 자부심이 가득 차올랐다.

출근했더니, 벌써 다무라가 컴퓨터 자판을 두드리며 일하는 중이었다.

"좋은 아침. 다무라 씨는 오늘도 일찍 출근했네."

"아, 안녕하세요. 오늘은 특별히 중요한 날이거든요."

다무라는 인사할 때에만 고개를 돌려 살짝 웃고는 계속 컴퓨터를 바라보며 심각한 표정을 지었다.

"뭔데요? 중요한 고객?"

"맞아요. 고객은 누구나 중요하지만, 오늘은 개인적으로나 회사에게나 특별히 중요한 고객과 미팅이 있어요."

"와아, 다무라 씨는 계약도 척척 잘 체결해요. 정말 대단해."

"……."

처음부터 건성으로 내 얘기에 맞장구쳤던 게 분명했다. 다무라는 컴퓨터 화면을 들여다보는 데 집중하고 있었다. 나는 개의치 않고 혼잣말처럼 중얼거렸다.

"재능 있는 사람은 좋겠어. 부럽다, 부러워."

"재능? 어떤 재능이요? 난 재능 따윈 없어요. 다만, 온 힘을 다해 내 일을 할 뿐이에요."

자판에 손을 올려둔 채 다무라가 내 쪽을 쳐다보며, '알겠죠?' 하는 눈빛을 보냈다. 나는 더 말을 걸면, 방해될 것 같아 조용히 내 일을 시작했다.

문득, 얼마 전 다무라와 점심을 먹었을 때 들었던 말이 생각났다. 내가 영업이 적성에 맞지 않는 것 같다고 하자, 그녀는 '나도 그래요. 영업을 하고 싶어 여기로 자원했던 건 아니에요.' 라고 했다. 하지만 다무라는 늘 일을 열심히 했고, 실적도 좋았다. 그녀는 말과 행동이 모순인 듯했다.

※

오니지마가 여느 때와는 다른 술집에서 기다리고 있었다. 카운터 쪽에 앉아 먼저 술을 마시고 있는 그의 옆으로 갔다.
"미안. 좀 늦었어."
"아니, 괜찮아. 바빴어?"
"그렇게 바쁜 건 아니었는데, 일이 마무리가 잘 안 돼 늦었네."
서로 요 며칠 동안 어떻게 지냈는지를 이야기하다 보니 자연스레 일에 대한 화제로 넘어갔다. 나는 오늘 아침에 다무라한테 가졌던 의문을 오니지마에게 물어보았다.
"내 옆자리에 앉은 인간 말이야. 아주 일을 잘해. 고객들한테 인기도 있고, 일처리도 빨라. 그런 게 바로 재능이라고 생각해."
"재능이라, 원래 그 사람이 타고난 능력 말인가?"
"응. 그런데 자기가 자원해서 영업부로 왔으면서도 영업을 하고 싶어서 온 건 아니래."
"그래?"
"그러면서도 일은 아득바득 정말 열심히 해."
내가 앞에 있는 안주를 몇 번이나 집었다 놓으며 말을 마치자

오니지마도 나름대로 추리를 하기 시작했다.

"왜 영업부로 옮겨왔을까? 그 전 부서가 싫었기 때문에?"

"글쎄."

나는 눈까지 지그시 감고 그 이유를 생각해보았다.

"아, 맞아. 뭐라더라, '자신의 가능성을 시험해보고 싶다.', '좀 더 성장하고 싶다.' 그렇게 얘기했어. 분명히."

내 대답을 들은 오니지마는 맞은편 선반에 빽빽이 진열된 술병 중 하나를 응시하며 말했다.

"그럼 재능은 아니고 노력이네. 그 사람, 분명히 노력가야."

"그래? 요즘 어딜 가나 노력이란 말이 유행이군."

진지한 표정으로 말하는 오니지마에게 나는 농담하듯이 대꾸했다.

"이거 중요한 얘기야. 처음엔 아무것도 모르고 시작해도 계속 노력하다 보면 성과가 생기는 법이야. 그 사람, 아마 그런 생각으로 열심히 하는 걸 거야."

오니지마는 이름을 알 수 없는 초록색 술을 홀짝홀짝 계속 마셨다.

"토오. 인생이 전부 생각한 대로 이루어지면 좋겠다고 생각해?"

"당연하지. 그것처럼 좋은 게 또 있을까."

어쩌면 그것이 내가 가장 원하는 것일지도 몰랐다.

"하지만, 모든 게 생각처럼 되면 지루하지 않을까?"

"무슨 소리야? 그럴 리가 있겠어."

"잘 생각해봐. 생각대로 이루어지지 않는 일을 노력해서 네가 원하는 대로 만들어 가는 재미도 쏠쏠할 거 같지 않아?"

"그건 그럴지도 모르지만 그게 쉬울까? 또 아무리 노력해도 생각대로 되지 않는 일도 있는 법이야."

"그렇긴 해도, 사람이란 원래 생각대로 이루어지지 않는 일에 도전하고 싶어 하는 법이야. 그게 꼭 재미있으리란 보장은 없지만 그런 과정을 통해 자신의 가능성을 발견하고 더 성장하게 되니까."

오니지마는 예전에 다무라가 했던 말과 비슷한 이야기를 하고 있었다. 두 사람이 같은 이야기를 하는 게 신기했다. 하지만 나는 여전히 두 사람의 말에 쉽게 동의할 수 없었다.

"토오는 노력해 본 적 있어?"

오니지마가 시치미 떼는 얼굴로 물었다.

"있지."

아무 생각 없이 대답하고 나서 좀 더 냉정하게 나 자신을 돌아보았다.

"있기는 하지만, 결국 헛수고만 하는 타입이야."

"나도 헛수고할 때가 자주 있어. 하고 싶은 일에 헛수고를 하면 후회는 없지 않아? 결과야 어쨌든 마음을 다해 노력했다는 자체만으로도 만족할 수 있거든."

"내 생각은 그렇지 않아. 결과가 안 좋으면 노력한 보람이 없잖아."

"그렇긴 하지만……. 에이, 오늘은 이만하자."

나는 오니지마의 그런 말투가 마음에 들지 않아 기분이 상했다. 내 마음을 읽었는지 오니지마가 웃으며 어깨를 툭 쳤다.

"하하하! 토라진 표정 좀 풀어. 아무튼 오늘 대화는 나한테 좋은 공부가 됐어."

뭔지 모르겠지만 오니지마는 변하고 있었다. 분하게도, 그게 왠지 멋져보였다. 오기를 부리며 버틴 나 자신이 점점 싫어졌다. 오늘 아침 우편함에 들어있던 흰 봉투에는 '모든 것은 나로부터 시작된다.'고 쓰여 있었다. 나는 내 나름 해석한 그 글귀의 의미대로 잘 하고 있다고 생각했는데 오니지마와 이야기를 하다 보니 의심이 생겼다. 스스로 무언가를 시작해도 결과가 없으면 무슨 소용이란 말인가? 그렇다면 시작하지 않는 편이 좋았다.

나는 발에 무거운 돌이라도 매단 것처럼 터벅터벅 걸어서 집으로 돌아왔다. 늘 그렇듯이 우편함을 여니 그 하얀 봉투가 또 들어 있었다. 오늘 아침에도 왔었는데…….

"뭐야! 또 야?"

이젠 지겹다고 생각하면서 편지를 꺼내 봉투의 입구를 힘껏

쫙 찢었다. '쿵' 하고 큰소리를 내며 내 손에서 가방이 떨어졌다.

손을 뻗으면
별에 손이 닿을지도 모른다.

 나는 눈을 가늘게 뜨고 미간을 찌푸리며 눈앞의 글자들을 한 자 한 자 다시 들여다보았다. 지금까지 받은 편지 중에서 가장 어려운 말이었다. 별에 손이 닿는다니 완전 당찮은 말이다.
 나는 눈을 들어 밤하늘을 쳐다보았다. 손을 뻗으면 닿기는커녕, 별 자체가 보이지 않는 구름 낀 하늘이었다. 지금 내 상황과 비슷한 것 같아 갑자기 씁쓸해졌다.
 지금 이대로는 '아니다'는 생각이 들었다. 무언가를 시작해야만 했다. 하지만, 무엇을 어떻게 시작하면 좋을지 전혀 모르겠다. 알면 곧 행동으로 옮길 텐데……. 그때까지는 괴로워도 이대로 지내는 수밖에 없었다.
 하늘을 올려다보고 있던 눈에서 볼을 타고 한 줄기 눈물이 흘러 땅에 떨어졌다. 그 날 밤에는 머릿속에 온갖 생각이 맴돌아 좀처럼 잠을 이룰 수 없었다.

어려운 일을 즐겨라

다음날 아침, 나는 마침내 결심했다. 무언가를 시작해야만 했다. 그 무언가를 한 가지라도 결정하자. 고민 끝에 하토리 부장을 찾아가 니시가와를 다른 팀으로 보내달라고 말해보기로 했다. 기분 나쁘더라도 그렇게만 할 수 있다면 훨씬 낫겠다는 생각이 들었다.

"부장님, 잠깐 시간 좀 내주실 수 있으세요?"

"어, 뭔데?"

하토리 부장은 쥐고 있던 펜을 내려놓고 양손을 깍지 낀 채 차분히 내 얘기를 들을 자세를 취했다.

"저, 지금 니시가와와 한 팀으로 일하고 있습니다만, 다른 사람이랑 팀을 꾸려봤으면 해서요."

"왜?"

"서로 잘 맞지 않는 것 같습니다. 말이 영 통하질 않아서 말이죠."

"왜 그런 거야?"

"제가 뭘 물어봐도 대답도 잘 하질 않습니다. 아예 대화 자체가 어렵습니다."

"어허, 왜 그럴까?"

"왠지는 잘 모르겠지만, 니시가와는 제가 말해도 못 들은 척합니다. 잘못을 지적하면 변명만 하고 절대 사과하지 않습니다. 이대로는 도저히 중요한 일을 같이 못할 것 같습니다."

"그래서?"

"에, 그래서 소통이 불가능하니 일의 진행이 더디고 사고라도 날까봐 걱정입니다."

하토리 부장은 입을 한일자로 굳게 다물고 뻐기듯이 몸을 뒤로 젖히며 고쳐 앉았다.

"자네, 도대체 무슨 생각으로 일하는 거야?"

"네?"

"아까부터 듣자 하니, 자넨 정말 자기 생각밖에 안하는군.

'왠지는 잘 모르겠지만' 이라니, 그게 무슨 말이야. 자기가 왜 후배한테 무시당하는지 생각해 본 적이 없다는 거야?"

"그, 그것은……."

"그런 건 생각해보지도 않고 남 탓만 하는 건가."

"니시가와는 제가 뭘 물어봐도 쳐다보지 않는 태도도 나쁘지만, 고객 앞에서도 그런 태도와 표정을 보입니다. 그래서는 일이……."

"어이! 자네, 자신을 먼저 돌아봐. 다른 사람보다 우선 자신을 살피라고."

부장은 내 말이 끝나기도 전에 큰 소리로 잘라 말했다.

나는 화가 났지만, 머릿속은 의외로 냉정했다. 부장의 태도를 어느 정도는 미리 예상했기 때문이었다.

"사실 며칠 전에 니시가와도 날 찾아왔어. 자네와 한 팀인 게 싫다더군. 인내의 한계를 넘어섰다면서. 정 그럼, 지금부터 두 사람은 해산이야."

"네?"

니시가와가 한 발 먼저 부장을 찾아왔었다니, 왠지 기가 막히고 분했다. 상사인 나를 완전히 무시한 행동이었다. 분한 나머지 들고 있던 비즈니스용 가방을 아무데나 던져버리고 싶었다. 그 순간 하토리 부장이 갑자기 냉정한 어조로 얘기했다.

"마침 잘 됐군. 토오, 자네에게 부탁하고 싶은 일이 있어."

왠지 안 좋은 예감이 들었다.

"이번에 개량된 신제품 발표회에서 자네가 프레젠테이션을 맡아."

"아, 네…"

나는 당황스러우면서도 맥이 풀렸다.

그 프레젠테이션이라면, 이미 기술개발부로부터 한번 검토해 달라고 부탁받은 적이 있었다. 자료가 이미 정리된 상태라 그대로 쓸 수 있었다.

"당연한 것이지만, 기술개발부가 준 자료를 그대로 쓰는 건 안 돼. 고객에게 가슴 설레는 감동을 줄 정도로 다시 만들어 봐. 하나부터 열까지 전부 고치란 말이야."

"네? 혹시 처음부터 완전히 다시 하란 말씀이신가요?"

"그럼, 당연하지."

"……"

"알겠지?"

"네."

그 날은 복잡한 마음으로 퇴근했다. 하루의 끝에서 성취감을 느끼기는커녕, 그저 앞으로의 일을 생각하니 우울하기만 했다. 우편함에는 흰 봉투가 또 들어 있었다. 한동안 오지 않을 때도 있는가 하면 이렇게 몇 통씩 연달아 올 때도 있었다. 누군지 변덕스럽게 편지를 보낸다는 생각이 들었다. 봉투를 아무렇게나 찢어 편지지를 꺼냈다.

어려운 일이 즐겁다.

와! 이 말은 정말 틀렸다. 어려운 일이 아니라 어렵지 않은 일이 즐거운 법이다. 어쨌든 지금 나는 이런 말에 신경 쓸 상황이 아니었다. 지금 내 앞엔 해결해야 할 큰 문제가 버티고 있었다.

하토리 부장은 요구가 많은 까다로운 상사였다. 늘 자세히 설명해주지도 않고 일방적으로 명령을 내렸다. 이번에도 무엇을 어떤 식으로 시작해야 하는지 가르쳐주지도 않은 채, 새로운 일을 맡겼다. 정말 비효율적으로 일하는 상사였다. 일을 마치고 결과 보고를 할 때마다 혼이 났는데 이번에도 결과는 뻔했다. 하토리 부장에 대한 반발심이 점점 거세지는 걸 느꼈다.

이번 프레젠테이션도 일부러 나를 괴롭히기 위해 던져준 일 같았다. 차라리 니시가와와 계속 한 팀으로 일하는 게 더 나을 뻔했다는 생각까지 들었다. 기술개발부에서 준비한 자료는 완전히 무시하고 새롭게 시작해야 한다는 말이 내 마음을 바위처럼 무겁게 짓눌렀다.

사실 나는 영업부 소속이면서도 프레젠테이션을 그리 잘 하지 못했다. 아니 좀 더 정확히 말하자면 아주 못하는 편이었다. 후배인 니시가와한테 준비가 부족하다고 엄하게 야단쳤지만 막상 나 자신도 준비가 부족한 탓에 큰 실적을 올리질 못했다.

그 어떤 날보다 우울한 하루를 시작했다. 내가 처한 상황은 점점 나빠졌다. 스스로 움직였다가 바닥을 알 수 없는 늪에 발을 잘못 디딘 것 같았다. 이젠 몸까지 온통 빨려 들어가고 있었다. 싫어도 새로운 일에 착수하는 길밖에는 없어 보였다. 다른 길도 있겠지만, 어떤 길이 정답인지는 알 수가 없었다. 나는 악순환이 거듭되는 상황에서 함부로 다른 길을 선택했다가 더 괴로운 상황에 빠질까봐 두려웠다.

나는 마지못해 프레젠테이션을 준비하기 시작했다. 신제품에 대해서는 어느 정도만 이해하고 있었다. 기술개발부로부터 받은 자료를 참고하며 다시 한 번 하나하나 조사하기 시작했다. 갈 길이 먼 작업이 시작된 것이다. 차근차근 살펴보니 신제품은 성능을 획기적으로 개선한 자동차이긴 해도 기술면에서는 너무 복잡해 설명하기가 쉽지 않았다. 가능하면 간단하고 이해하기 쉬운 프레젠테이션을 해야겠다고 생각했다.

그 후, 프레젠테이션 준비는 예상 밖으로 순조로워 딱 보기에도 누구나 이해하기 쉽게 완성했다. 나는 이 일을 완전히 마무리 짓기 전에 일단, 하토리 부장에게 확인을 받기로 했다. 마무리한 뒤에 이렇게 저렇게 고치라고 트집 잡으면 폭발할 것 같기 때문이었다. 준비를 덜해 한 소리 들을 각오는 했지만 막상 야단을 들을 생각을 하니 기분이 썩 좋지 않았다.

"뭐야, 이건?"

하토리 부장은 늘 그렇듯이 미간을 찌푸리며 내가 만든 자료를 들여다보았다.

"심플한 편이 알아보기 쉬울 것 같아서 그렇게 해보았습니다."

"너무 심플해서 시시해. 이런 것쯤 누구라도 만들 수 있어."

"……."

"다시 해."

"네."

역시 하토리 부장에게 인정받는 것은 힘든 일이었다. 답답하긴 했지만 당연한 일이라 생각하니 괴로움도 반으로 줄어드는 기분이었다. '너무 심플해서 시시하다' 면, 영상이나 설명의 내용을 좀 더 자세하게 바꿔볼까?

그러면 원래 프레젠테이션과 별 차이가 없었다. 나는 학생 때부터 그림그리기를 좋아하던 사촌의 도움을 받아 독자적인 캐릭터를 만든 뒤, 그 캐릭터가 상품을 소개하는 형식으로 변화를 주기로 했다. 이런 식으로 작업하다 보니, 우선 나 자신이 조금이나마 즐겁게 일할 수 있었다. 꽤 품이 들긴 했지만 전과는 다른 프레젠테이션을 완성했다.

다시 하토리 부장을 찾아갔다. 내심 하토리 부장이 놀랄 것을 기대했다.

"각 항목에, 조금씩 설명을 보충했습니다. 여기 있습니다."

"이렇게 묻고 답하는 방식은 산만해. 캐릭터 같은 것도 필요없어. 이 캐릭터, 도대체 어떤 초보가 그린 거야?"

운동선수처럼 짧게 자른 머리를 손바닥으로 훑으면서 하토리 부장이 퉁명스럽게 말했다. 그렇게 열심히 했는데도 또 퇴짜를 놨다. 나는 상사가 빨리 바뀌었으면 좋겠다고 새삼 뼈저리게 바랐다.

그때 문득 니시가와의 일이 떠올랐다. 아마 그 녀석도 나처럼 '상사가 바뀌었으면…….' 하고 생각했을 것이다. 잠시 그를 이해했던 마음도 니시가와가 내게 했던 일들을 생각하니 다시 분노로 바뀌려 했다.

그 후 한동안 어떻게 해야 할지를 몰라 계속 헤맸다. 책상에 앉아 고민을 해도 아무것도 떠오르질 않았다. 차라리 새롭게 무언가를 하기보다는 과거의 좋은 사례를 참고로 하는 게 좋지 않을까 싶었다. 이제까지 고객의 반응이 좋았던 프레젠테이션을 조사해보려고 예전의 모든 자료를 뒤져보았다. 몇 개, 참고할 만한 것들 중에서 내가 원하는 스타일에 가장 가까운 것을 하나 골랐다. 그것을 정리한 뒤, 다른 자료를 추가하니 나도 놀랄 만큼 훌륭한 프레젠테이션 자료가 완성됐다. 이 정도면 통과할 수 있을 것이라는 자신만만한 태도로 하토리 부장을 찾아갔다.

"……."

하토리 부장은 자료를 슬쩍슬쩍 넘기며 영상으로 만들 시나리오를 훑어보더니 잠시 침묵했다.

"어떻습니까?"

내가 기대를 담아 물어보았다. 하토리 부장은 잠시 시선을 내리깔고서 나지막한 목소리로 말했다.

"한 마디 해도 될까?"

"네…"

나는 침을 꿀꺽 삼켰다.

"다시 해. 옛날 프레젠테이션을 그대로 흉내 낸 거잖아. 이런 건 누구라도 만들 수 있어. 한 눈에 봐도 베낀 티가 팍팍 나는군. 이런 껍데기 같은 자료는 그만 만들어."

설마 껍데기처럼 보이리라고는 생각지도 못했다. 역시 하토리 부장의 눈은 매서웠다. 또 헛수고를 했다고 생각하니 맥이 탁 풀렸다.

그 후 프레젠테이션 자료를 여덟 번이나 다시 만들었다. 하지만 모두 불합격이었다. 그렇게 노력했는데도 단 한 번도 인정은커녕, 조언도 해주지 않았다. 내가 "어떻게 하면 좋을까요?" 하고 물어도, "그런 것쯤은 스스로 생각해봐."라고 한 마디로 잘랐다.

하토리 부장의 말처럼 누구라도 만들 수 있는 프레젠테이션이라면, 제발 다른 사람에게 시켰으면 좋겠다. 어차피 나는 제대로 갖춘 프레젠테이션 자료를 만들 능력이 없었다.

오니지마는 "뭐라도 열심히 하면 그만큼 좋은 결과가 나오지 않을까?"라고 했지만, 그것은 틀린 말이었다. 결과가 좋지 않으면, 모든 노력은 헛수고였다. 힘만 들 뿐이었다.

내가 컴퓨터에 달라붙어 있는 동안 하토리 부장이 그 뒤로 몇 번이나 어슬렁거리며 지나갔다. 분명히 쩔쩔매고 있는 나를 훔쳐보며 비웃었을 거라고 생각하자 화가 치밀었다. 마음이 어지러워 도저히 일을 진행할 수 없었다. '제발 내 뒤로 왔다 갔다

하지 말라'고 소리라도 치고 싶었지만 꾹 참았다.

 녹초가 되어 집에 돌아왔더니 우편함에 흰 봉투가 있었다.

자신의 한계까지
완전히 노력하는 사람은 없다.

 이건 또 무슨 소리야. 난 지금까지 할 수 있는 것은 뭐든 해 봤다고. 이런 편지를 써서 나를 열 받게 만드는 놈이 도대체 누구야!

 고객들에게 프레젠테이션 할 날이 코앞으로 다가왔다. 프레젠테이션 준비가 순탄하지 않은데다가 매일 야근까지 하다 보니 스트레스가 이만저만이 아니었다. 더 이상은 못하겠다. 이제 한계에 도달했다. 나는 앞날에 대한 불안과 하토리 부장에 대한 분노를 품은 채 뜬 눈으로 밤을 지새웠다.

✼

 다음 날 아침, 책상에 앉으려니 뒤에서 밝은 목소리가 들려왔다.

"좋은 아침. 토오 씨, 요즈음 바빠요? 매일 늦게까지 일하는 것 같던데."

"네, 네."

나는 졸린 눈을 비비며 적당히 대답했다.

"프레젠테이션 준비가 순조롭지 않아서……."

"앗, 신제품 프레젠테이션?"

"이런 일은 나한테 안 맞는 것 같아요. 게다가 하토리 부장이란 사람, 제대로 지시하는 법이 없어요. 도대체 뭘 원하는지 알 수가 있어야지. 형편없다느니 이런 것쯤은 누구나 만들 수 있다느니 하면서 퇴짜만 놓고. 정말 싫다, 싫어."

나는 미간을 찌푸리며 하토리 부장 흉내를 내다가 책상 위에 푹 엎드렸다.

"그렇다면 좋은 기회네요."

"에에?"

나는 고개를 들고 다무라를 바라보았다.

"말도 안 돼. 그렇게 좋아 보이면 다무라 씨가 해요. 이 프레젠테이션!"

"하하하!"

다무라가 너무 재미있다는 듯 웃는 걸 보니 지금 내 기분을 전혀 이해하지 못하고 있다는 생각이 들었다.

"자기가 원하는 대로 일하기 쉽지 않잖아요. 지금은 상사의 지시 같은 걸 아예 기대하지 않고 일 할 수 있으니까, 좋은 기회로 생각하고 마음대로 해보는 거예요. 이젠 더 밉보일 것도 없잖아요."

"자기 일이 아니니까 그렇게 편하게 말하는 거예요."

다무라는 나를 생각해서 긍정적으로 말하고 있는지 모르지만 내겐 더욱 큰 괴로움만 줄 뿐이었다. 이미 가능한 것은 모두 해보지 않았나? 더 이상 새로운 일에 도전할 기분이 내키지 않았다.

다무라는 가끔 내 기분을 너무 몰라주는 말을 했다. 문득 떠오르는 말이 있었다. '자신의 한계까지 완전히 노력하는 사람은 없다.' 그 흰 봉투에 들어 있던 말이었다. 갑자기, 다무라가 하는 말과 봉투 속의 글귀가 겹친다는 생각이 들었다. 혹시 그 편지를 보내고 있는 사람이 다무라인가? 그렇다면, 왜 그렇게 돌려 말하는 것일까. 되풀이되는 잔소리처럼 설교를 듣는 것 같아 기분이 나빴다. 그런 편지 따위는 그만 보냈으면 좋겠다. 이번 기회에 그녀가 보낸 것인지 확인하고 맞는다면 그만두라는 말을 할 생각이었다.

그 순간, 우리는 동시에 얘기를 꺼냈다.

"물어보고 싶은 게……."

"알았어요."

다무라의 목소리가 더 컸기 때문에 나는 순간적으로 기가 눌렸다. 그 후 다무라가 꺼낸 말은 더욱 놀라웠다.

"알았어요. 도와줄게요."

"에?"

"이러쿵저러쿵 불평은 하지만 토오 씨가 이렇게 열심히 하는 건 처음 봤어요."

"하지만……."

"좋아요. 내가 도와줄게요."

설마, 이렇게 귀찮은 일을 도와줄 사람이 있으리라고는 생각도 못했다. 내가 쩔쩔매고 있는 동안, 다무라는 책상 위에 산더미처럼 쌓인 서류를 한 다발 집어 자기 책상으로 가져갔다. 나는 서류를 찬찬히 훑어보는 다무라에게 현재 생각을 그대로 이야기했다.

"헛수고예요. 게다가 다무라 씨에게 아무런 이익도 되지 않는 일이잖아요. 마음만은 고맙게 생각할 테니까, 됐어요."

하지만 다무라는 조금도 물러서지 않았다.

"이익이 되든 안 되든 상관없어요. 원래 일이란 혼자 하는 게 아니잖아요. 서로 도우면 좀 더 멋진 결과물이 나오지 않을까요? 부족한 것을 누군가 채워주면 불가능해 보이는 것도 가능해지니까요. 같이 한 번 해봐요."

"아니, 정말 괜찮아요. 어차피 다무라 씨가 도와줘도 헛수고예요."

"무슨 말이에요. 최고의 프레젠테이션을 만들 수 있어요. 같이 해봐요."

"흐음."

다무라가 이렇게까지 강하게 나오니까 더는 말리기도 어려웠다. 어차피 '헛수고'라는 생각이 들었지만 그대로 두기로 했다. 다무라가 열심히 나를 격려하려는 것은 알겠다. 하지만 이젠 내 마음을 팽팽하게 잡아당기던 실이 끊어진 기분이었다. 아무리 다무라가 도와줘도 하토리 부장에게 인정받을 프레젠테이션 자료를 만들어보겠다는 의욕이 생기질 않았다.

다무라에게는 미안하지만 '어떻게 되든 상관없다'는 생각까지 들었다. 집으로 돌아와 우편함을 여니, 또 흰 봉투가 들어 있었다. 요즘 들어 편지가 더 자주 왔다. 다무라는 직접 내 옆에서 응원하고 있으니까 일부러 편지를 봉투에 넣어 우편함에 가져다 놓을 필요는 없지 않을까? 편지를 보내는 사람은 아무래도 다무라가 아닌 것 같았다.

지금은 나를 반대하는 사람도
미래의 동료다.

역시 오늘 받은 편지의 내용도 금방 이해되지 않았다. 반대하는 사람을 무릅쓰고 일을 진행하는 경우는 봤어도, 동료로 만드는 건 거의 없었다. 반대하던 사람이 어떻게 동료가 될 수 있는지 상상할 수도 없었다.

※

그 후 다무라는 내가 의욕을 잃고 축 쳐져 있든 말든 상관없이 정말 헌신적으로 도와주었다. 프레젠테이션 자료를 만들어 본 적이 없다고 하면서도 여러 가지 아이디어를 냈고, 모르는 것들은 열심히 조사하거나 다른 사람들에게 물어보기도 했다. 하지만 난 여전히 의욕을 잃은 상태였다. 출근해서도 그저 자리를 지키고 앉아 몇 분마다 한숨을 쉴 뿐이었다.

그러는 사이에 다무라가 열심히 도와주는 모습에 감동했는지, 그녀가 이끄는 팀의 후배 한 명과 내 동기 중 한 명이 도와주겠다고 나섰다. 기쁜 일이기는 했지만 의욕을 잃어버린 내게는 짐이 더 무거워졌을 뿐이었다.

결국, 나는 별다른 방법이 없었기 때문에 이 세 사람의 추진력에 밀리듯이 다시 프레젠테이션 자료를 만들기 시작했다.

세 사람은 자기 일을 하면서 틈틈이 내 일을 도와주었다. 토요일이나 일요일에도 나를 위해 일을 했다. 남의 일을 왜 그렇게 열심히 하는지 정말 알 수 없었다. 무슨 꿍꿍이가 있는가 싶었지만 그런 것까지 알아낼 마음의 여유가 없었다. 이제는 무슨 일이든 해낼 자신이 없었다. 자포자기하는 마음이었다.

종종 네 명이 모여서 회의할 때 내가 침묵으로 일관해도 세 사람은 개의치 않고 이야기를 진행했다. 또 내가 가끔 의견을 내면 그것을 부정하지 않고 잘 들어주었다. 내 의견을 무시하지 않고 자료 작성에 활용하려고 애썼다.

문득 정신을 차려보니, 영상도 설명도 지금까지와는 완전히 다른 수준으로 변해 있었다. 아마추어다운 어설픔은 없어졌고, 자료가 흥미로우면서도 설득력이 높아졌다. 다른 사람들과 힘을 합쳐서 일을 하면 이렇게 결과가 좋아지는가 싶어 놀랐다. 다무라가 말한 대로, 일은 혼자 하는 것이 아니었다. 자신에게 부족한 것을 채우면서 동료와 일을 하다 보니 결과가 훨씬 좋아졌다.

이익이 생기지 않는데도 열심히 도와주는 다무라나 동료들을 보면서 내 마음에도 변화가 생겼다. 처음에는 부담스럽기만 했는데 모두가 협력해서 좀 더 나은 결과물이 나오는 것을 보니, 차츰 일이 재미있어졌다. 내 안에서 꺾여 넘어졌던 마음의 기둥이 그들의 도움으로 조금씩 다시 일어서는 기분이었다.

드디어 동료들의 아이디어가 담긴 자료를 완성했다. 자료의 양으로 보나, 영상의 질로 보나 지금까지 내가 만들어온 것들을 훨씬 넘어섰다. 도와준 동료를 위해서라도 이번 자료로 프레젠테이션을 하고 싶은 욕구가 솟구쳤다.

그렇게 하려면, 누가 뭐래도 하토리 부장의 재가를 받아야 했다. 이번에도 통과하지 못하면, 다음은 없었다. 나는 비장한 마음으로 하토리 부장을 찾아갔다.

"이해하기 어려워."

영 믿음이 가지 않는다는 것이 하토리 부장의 반응이었다. 한 마디 한 마디 강하게 끊어서 이야기하는 말투가 언제 들어도 기분 나빴다.

"이렇게까지 했는데도, 안 됩니까?"

"안 됩니까? 그런 말 할 때가 아닌 것 같은데. 보기에는 그럴 듯하지만 그 뿐이야. 이런 건 누구라도 만들어."

동료들과 애써 만들어낸 자료를 전부 내 앞으로 밀쳐놓았다. 자료를 다시 돌려받자니 힘이 쭉 빠져나가는 느낌이었다. 가볍게 목례를 하고 축 처진 어깨로 뒤돌아 나왔다.

모두에게 미안하다. 더 이상은 불가능해. 이제 끝이야. 나는 하토리 부장이 무슨 생각을 하는지 도통 알 수가 없었다. 부하 직원의 노력을 이렇게 무참하게 짓밟는 상사는 세상 어디에도 없을 것이다. 이 사람만 아니라면 그 어떤 상사와도 잘 지낼 것 같았다. 하토리 부장처럼 다른 사람의 기분을 알아주지 못하는 사람이 또 있을까?

자리로 돌아오니, 다무라가 기다리고 있었다.

"어떻게 됐어요?"

내 얼굴을 보고 상황을 눈치 챘는지, 작은 목소리로 물었다.

"미안, 불합격이야."

분해서 눈물이 나오려 했지만 다무라에게 감정을 숨기려 시선을 아래로 내리깔았다.

"아, 그래요."

다무라는 그 이상 아무 말도 하지 않았다. 아마, 달리 할 말도 없을 것이다. 자료를 정리해보았지만, 도저히 다시 준비할 마음이 생기지 않았다. 아무 것도 하기 싫었다. 사무실에 있는 것 자체가 고통스러워 도저히 참을 수가 없었다.

"다무라 씨, 나 지금 외근 나갔다 바로 퇴근할게요."

"그래요. 오늘은 푹 쉬어요."

그렇게나 동료들의 도움을 받았는데도 모두 헛수고로 끝나버렸다. 모두 그 작자 때문이었다. 그 작자만 없으면……. 나는 하토리 부장을 원망하면서 집으로 돌아갔다.

오랜만에 오니지마에게 전화를 걸어야겠다고 생각했다. 하지만 불만만 잔뜩 쏟아놓을 자신의 모습을 상상하니 스스로가 너무 비참해서 휴대폰을 다시 닫았다.

집에 돌아와, 우편함을 열자 또 흰 봉투가 있었다. 정말 변덕스럽게 아무 때나 오는 편지였다.

모든 일에는
수만 가지의 방법이 있다.

수만 가지라고? 단 백 가지도 생각해내기 어려운데 수만 가지라니……. 현실적인 표현은 아니었다. 또 아무리 많은 방법이 있다 해도, 안 되는 것은 안 되는 것이었다. 괜히 헛수고만 할 뿐이었다.

나는 이미 몸과 마음이 지칠 대로 지쳤다. 이제 더 이상 헛수고는 하고 싶지 않았다. 엄하기만 하고 부하 직원의 노력은 안중에도 없는 상사 밑에서는 아무것도 할 수 없었다. 아무리 내게 재능이 있다 해도 이런 회사에서는 그것을 살릴 수 없었다. 지금까지 도와준 동료들을 볼 낯도 없었다. 부하 직원에게도 버림받은 듯해서 너무 비참했다. 아무리 생각해도 더 이상 이 회사에 남아 있을 의미가 없었다. 그날 밤, 결국 나는 사표를 썼다.

감동의 프레젠테이션

　잠자리에 들기는 했지만 입사 후 지금까지 있었던 여러 가지 만남과 사건들이 계속 떠올라 잠이 오질 않았다. 생각해보면 좋은 추억도 있었지만 거의 나쁜 기억들만 가득했다.
　알람시계가 요란하게 울어댔지만, 머리가 아파서 도저히 일어날 수 없었다. 회사에 전화해서 몸이 아파 오후에 출근하겠다고 말해두었다. 다행히 약을 먹자 두통은 한결 가벼워졌다.
　사표를 가방에 넣고 회사로 나가려니 발걸음이 휘청거렸다. 사무실로 향하는 길을 일부러 천천히 걸어보았다. 이 길을 걷는 것도 마지막이라고 생각하니 이제까지 느껴보지 못했던 감정이 솟구쳤고 매일 지나던 길도 달라 보였다. 그동안 무심코 스쳐지나갔던 상점의 간판도 눈에 들어왔고 거리에 가로수가 유독 많다는 것도 알게 되었다. 새삼스럽게 이 길을 처음 걸어보는 기분마저 들었다.

사무실에 도착하자, 마침 점심시간이었다. 현관은 식사하러 나가는 사원들로 붐볐다. 한 회사를 7년이나 다니다 보니 이름은 몰라도 얼굴은 아는 사람들이 대부분이었다. 의외로 이제까지 한 번도 보지 못한 얼굴들도 꽤 있었다. 보통 때라면 그냥 흘려보냈을 광경이 오늘따라 새롭게 보였다. 사무실에 들어가니 평소처럼 다무라가 열심히 일하고 있었다. 다무라는 나를 보자 먼저 말을 걸었다.

"얼굴이 좋아 보여요. 마음도 편해 보이고. 좀 안심이 돼요."

"걱정해줘서 고마워요. 약 먹었더니 많이 나았어요."

나는 다무라에게는 미리 말을 해야겠다고 생각했다.

"미안해요. 다들 도와주었는데. 내가 능력이 모자라서……."

"괜찮아요. 결국 멋진 프레젠테이션 자료가 나올 테니까."

다무라가 내 말을 가로막으며 너무나 당연한 듯이 이야기하자, 나는 기가 죽었다.

"다무라 씨. 이제 됐어요. 그런 일은 없을 거예요. 아무리 열심히 해도 다 헛수고니까. 이번 일로 하토리 부장이 어떤 사람인지 확실히 알게 됐어요. 그래서 사실, 나……."

"또 그런 말! 기분은 알겠지만 성과라는 게 원래 그렇게 간단히 나오는 게 아니잖아요. 이 프레젠테이션 준비하면서 이제까지 몰랐던 것을 배웠고, 새로운 아이디어도 얻었잖아요. 그런 것들이 다 성장의 밑거름이 될 거고 조금만 더 하면 좋은 결과가 나올 거예요."

이제 헛된 일이란 것을 알았을 텐데도 다무라가 여전히 긍정적인 이야기를 하고 있어 놀라지 않을 수 없었다.

"아니, 그렇지 않아요."

"뭐가 그렇지 않다는 거예요. 아직 10번 정도 밖에 안 해봤잖아요. 벌써 10번이라고 하는 것과 아직 10번이라고 하는 것은 뜻이 완전히 다른 거예요."

"하긴 100만 가지 방법이 있다고 생각하면 겨우 10번 정도는 아무것도 아니겠지."

문득, 나는 어젯밤에 받은 편지 내용이 떠올라 비웃듯이 말했다. 그러자 다무라는 기쁜 듯이 웃으며 말했다.

"맞아요! 프레젠테이션을 멋지게 해내겠다고 마음먹었으면 그 다음은 목표를 향해 달리는 거예요. 100만 가지 방법으로 끝까지 부딪쳐 봐야죠!"

"……."

참 천하태평인 성격이었다. 비꼬려고 한 말에도, 오히려 더 신이 났다. 아무래도 사표를 썼다는 말을 해야겠다고 결심한 순간, 다무라가 먼저 말을 꺼내면서 내 입을 막았다.

"잠깐, 이쪽으로 와 봐요!"

다무라가 먼저 재빨리 복도로 나갔다. 할 수 없이 뒤따라 갔더니, 그녀가 회의실 앞에서 손짓으로 나를 불렀다.

"토오 씨, 여기서 점심 같이 해요."

"네? 점심?"

나는 영문을 모른 채 회의실로 들어갔다. 테이블 위에 도시락이 있었고 그 주변에 다섯 명의 아는 얼굴이 보였다. 프레젠테이션을 도와주었던 동기와 다무라의 후배 외에도 예전에 같은 직장에 있었던 후배와 사람 좋기로 소문 난 옆 부서의 선배, 그리고 신입사원 시절에 2년 정도 일을 가르쳐주었던 키무라 과장도 있었다.

"키, 키무라 과장님!"

키무라 과장은 바로 자리에서 일어나 내게 다가오며 말했다.

"오랜만이야, 토오 씨! 자넬 응원하러 왔어."

다른 사람들도 일어나 내 손을 잡고 회의실 안쪽으로 끌어들였다.

"어, 어떻게 된 일입니까?"

키무라 과장은 나를 보고 웃으며 이야기했다.

"자네, 요즘 이러지도 저러지도 못하고 힘들지? 걱정 마. 다무라한테 다 들었어. 그래도 여기까지 잘 참고 왔어. 이젠 자네 혼자가 아니야."

키무라 과장의 말이 끝나자 모두가 한 마디씩 했다.

"힘내세요. 우리도 함께 아이디어를 내 줄 테니까."

"토오 씨! 오랜만이에요. 나도 도울게요. 이런 날이 오기를 기다리고 있었어요!"

"프레젠테이션이라면 내가 전문가야. 자네가 꼭 성공하도록 도와줄게!"

나는 감동한 나머지 가슴이 벅차 숨이 멎을 것 같았다. 사표가 들어 있는 가방을 안고서 회의실 안쪽에 앉는 순간, 눈물이 주르르 흘러 책상 위로 뚝뚝 떨어졌다.

"으음, 모두… 고맙습니다."

내가 작고 떨리는 목소리로 말하자, 키무라 과장이 유쾌하게 대답했다.

"자네가 이렇게까지 감동하니까 나도 기뻐. 하지만 감사인사는 다무라에게 먼저 하라고. 다무라는 진심으로 자네를 위하고 있어. 우리도 그 모습을 보고 감동해서 이렇게 나선 거야."

나는 다무라 쪽을 보며 어떻게든 고마운 마음을 전해야겠다고 생각했다.

"다, 다, 다무라 씨······."

"토오 씨, 남자가 웬 눈물이에요."

다무라는 내 기분을 돋우려는 듯, 쾌활한 목소리로 씩씩하게 말했다.

"토오 씨! 이제 알았죠? 더 이상 혼자가 아니라는 걸. 그나저나 30분 뒤면 점심시간이 끝나니까, 어서 시작하죠."

내 의사와는 상관없이 나를 도와주기 위한 회의가 시작됐다.

"일단 처음으로 돌아가 볼까요? 처음부터 다시 시작하는 거예요."

"네에."

"매번 이런 것은 누구나 할 수 있단 말을 들었죠?"

"마, 맞아요."

"그러면, 그 반대로 한 번 해보는 거예요. 다른 사람 시선을 의식하지 말고 자기 생각대로, 마음이 끌리는 대로 만들어보는 거예요."

아직 눈물도 마르지 않은 내 모습에는 개의치 않고 다무라는 늘 그렇듯이 활기차게 이야기를 이어갔다.

"누구도 만든 적 없고 그 어떤 것과도 비슷하지 않은 토오 씨만이 할 수 있는 독특한 거라면 좋겠네요."

왜 이렇게 모두가 도와주려 하는지 알 수는 없었지만 회사를 그만두겠다던 전날 밤의 결심은 스르르 사라지고 있었다. 회의실에 모인 사람들은 여러 시점에서 다양한 의견을 내놓았다. 결국 모든 것을 백지로 하고 다시 한 번 새롭게 만들어보기로 했다. 다음에 언제 만날지를 정하고 그 자리를 떠났다. 모두 자기 좋을 대로만 이야기하는 것처럼 보였지만, 나를 위해서 그러고 있다고 생각하니 좋다고도 싫다고도 할 수 없는 상황이었다.

사무실로 돌아오니 다무라는 중요한 고객과 약속이 있다면서 서둘러 외출했다. 나는 그런 다무라를 보면서 참 이상한 사람이라 생각했다. 요즘 들어 왜 이렇게까지 나를 도와주려는지 이해가 가질 않았다. 아마 내색을 하지는 않지만 나를 좋아하고 있을지도 몰랐다. 나도 다무라가 싫지는 않지만 내 이상형은 아니었다. 만약 고백이라도 한다면 확실히 거절할 것이다.

문득, 제멋대로 상상에 빠져 있는 나 자신을 깨닫고는 도대체 무얼 하나 싶었다. 아침에 집을 나설 때 했던 비장한 각오는 사라지고 어느새 전혀 다른 방향으로 걸어가고 있었다.

지금까지 왜 난 이렇게 멋진 동료들이 있다는 것을 몰랐을까. 짧은 시간이었지만 회의실에서 동료들과 이야기를 하고 나니, 아무것도 할 수 없을 것 같던 내게도 아직 가능성이 남아 있다는 생각이 들었다. 동료가 이렇게 힘이 될 줄은 몰랐다.

회사를 그만두는 것은 언제든 할 수 있었다. 하지만 이 일을 계속하는 것은 지금뿐이었다. 지금 사표를 내면 이 일을 계속할 수 없었다. 마지막으로 한 번만 더 해보자. 그래도 안 되면 그때 그만두자. 그렇다고는 해도, 이제까지 정리해놓은 아이디어를 백지화하고 완전히 새롭게 만들 생각을 하니 마음이 내키지 않았다. 지금까지 만든 것들을 살려보려고 이런저런 생각을 해보았지만 딱히 이렇다 할 구체적인 대안을 구하지 못한 채 그날 하루가 지나갔다.

✿

 어느 새 새로운 습관이 생겼다. 집에 돌아와 우편함을 열 때, 흰 봉투가 들어 있는지부터 보게 되었다.

모든 상품과 서비스는
만든 사람의 생각이 표현된 것이다.

 가끔씩 봉투 안에는 이번 편지처럼 피부에 와 닿는 문구가 들어 있기도 했다. 문득, 기술개발부 사람들은 어떤 생각으로 이번 신제품을 만들었는지 궁금해졌다. 그동안 이 제품에 대해 여러 가지 조사를 했으면서도 지금에서야 그 사실이 알고 싶어진 것이다. 프레젠테이션 준비에만 마음을 빼앗겨 좀 더 근본적인 문제를 들여다보지 못했던 것은 아닐까.

"그래!"

나는 들고 있던 편지를 책상 위에 내려놓고 컴퓨터를 켰다. 비눗방울처럼 퐁퐁 솟아오르는 아이디어가 금방 사라져버릴 것만 같아 서둘렀다. 컴퓨터가 켜지기까지의 몇 분이 지금처럼 길게 느껴진 적도 없었다. 입사 초기에 기술개발부에서 일했을 때를 떠올려보았다. 그러자 중학교 때 영화에서 하늘을 나는 자동차를 보고 그것을 만들고 싶어 가슴 설렜던 기억이 동시에 떠올랐다.

"자기답게 거리낌 없이, 자유롭게 마음껏, 가슴 설레는 생각들을 담아내면 돼."

무턱대고 내가 하고 싶은 대로 프레젠테이션 자료를 만들어보겠다는 생각에 사로잡혔다. 프레젠테이션의 방향을 '하늘을 나는 자동차'로 정했다. '하늘을 나는 자동차'로 다른 사람을 행복하게 해주려면, 개량된 부품이 반드시 필요했다. 나는 작은 부품으로 인해 자동차의 역사가 바뀌고, 미래 인류가 행복하게 된다는 거창한 생각을 했다. 그것은 내가 어린 시절에 꿈꾸던 것이기도 했다.

드디어 나답게, 자유롭게 프레젠테이션을 준비하기 시작했다. 상사에게 인정받기 위한 기획이 아니라 내가 진정으로 하고 싶은 기획을. 내 속에서 다른 사람의 시선에 신경 쓰며 움츠러들었던 부분이 사라지고 끊임없이 아이디어가 샘솟았다. 자판을 두드려 입력하는 속도가 머릿속에 떠오르는 아이디어를 쫓아가지 못할 정도였다. 나는 마음이 급해져 더 빨리 자판을 두들겼다.

아이디어 한 가지를 정리하고 시계를 보니, 벌써 새벽 두 시가 지나 있었다. 나는 그제야 제정신이 들었다. 최근에 이렇게 시간이 빨리 지나가는 느낌을 받았던 적이 있었던가? 아마 사회인이 되고 나서 처음일 것이다. 기분 같아서는 일을 더 하고 싶었지만, 내일을 생각해서 그만 잠자리에 들기로 했다.

아직 아무것도 제대로 정해진 것은 없지만 이상하게도 마음은 편했다. 정말 오랜만에 느껴보는 기분이었다.

다음 날, 나는 일찍 일어나 보통 때보다 빨리 회사에 나갔다. 겨우 몇 시간밖에 자지 못했지만 출근하려고 서둘렀다. 이런 내 모습에 스스로도 놀랄 지경이었다.

나는 책상에 앉자마자 프레젠테이션 때 필요한 자료 작성과

영상 구상에 몰두했다. 지금까지는 할 수 없이 시키는 대로 어물쩍어물쩍 했던 일을 이렇게 자발적으로 하기는 처음이었다.

"점심은 먹었어요? 너무 열심히 하는 거 아녜요? 딴 사람 같아요."

오후 세 시가 지나자 다무라가 눈을 동그랗게 뜨며 물었다.

"잊어버리고 있던 꿈을 생각해냈어요."

"어떤 꿈이에요? 프레젠테이션과 관련 있는 것인가요?"

"으음, 내가 하는 일이 단순히 프레젠테이션을 통해 고객에게 제품을 소개하는 것이란 생각을 버렸어요. 대신에 제품이 고객에게 가져다주는 최고의 가치를, 보다 상상하기 쉽게 전달해야겠다는 생각을 했어요."

"멋지네요. 하지만 그게 꿈과 무슨 상관이죠?"

"난 기술개발부 사람들이 어떤 생각으로 신제품을 만들었는지를 생각해 본 적이 없었어요. 다시 말해, 가장 본질적인 것을 놓치고 있었어요. 분명히 많은 사람들에게 도움을 주려고 제품을 개발했을 텐데……."

다무라는 아무 말도 하지 않고 진지하게 내 말을 듣고 있었다.

"그런데 나 자신도 한때 그런 생각을 한 적이 있었다는 걸 떠올렸어요. '하늘을 나는 차'처럼 내가 가슴 설레며 개발한 상품으로 많은 사람들을 기쁘게 해주고 싶었거든요."

내가 솔직하게 이야기하자, 다무라는 고개를 약간 오른쪽으로 갸우뚱하더니 활짝 웃으며 이야기했다.

"확실히, 그 영화처럼 사람들이 미래로 가서 누군가를 구한다거나 과거로 가서 현실을 바꾸는 것은 불가능해요. 하지만 지금 이 순간, 누군가를 조금이라도 기쁘게 할 수는 있죠. 또 그런 식으로 세상을 조금이라도 바꿀 수도 있고요."

잠시 사이를 두고서 다무라는 말을 이었다.

"토오 씨. 고객에게 그런 기쁨을 소개할 수 있는 이 일, 정말 멋지지 않아요?"

지금까지 일이 싫다고 불평만 했던 내 행동이 왠지 부끄러운 생각이 들어 나도 모르게 말을 더듬었다.

"그, 글쎄… 아직 잘 모르겠어요."

말을 하다가 중간에 얼버무리는 것이 마음에 걸렸지만, 말을 더 하는 것도 모양이 안 좋을 것 같아 그만뒀다. 나는 묵묵히 일을 계속했다. 어쨌든 지금은, 말보다는 결과를 보여주고 싶다는 생각밖에 안 들었다.

❦

나는 그전과는 달리 열심히 일에 집중했다. 그런 나를 보고 지나가다 일부러 말을 거는 사람도 있었고 격려를 해주는 사람도 있었다. 전날 회의실에 모였던 사람들도 나를 도우려 몇 번 더 모였다. 기술개발부에 있는 선배 한 사람도 내 얘기를 듣고, 찾아와 뭔가 도울 일이 없는지 물었다. 나는 입사한 뒤, 처음으로 많은 사람들에게 도움을 받고 있었다. 포기하지 않고 계속 노력하면 환경이 변한다는 사실을 몸소 경험한 셈이었다. 너무 기뻤고, 예전처럼 고독하지도 않았다. 이번에 결과물이 제대로만 나오면 하토리 부장만이 아니라 회사의 모든 사람들에게 인정받을 수 있다고 생각하니 의욕이 솟구쳤다.

"좋아, 다 됐어. 내일 하토리 부장에게 보여주자."

그 날도 가장 늦게까지 야근을 하고 사무실의 모든 불을 끈 뒤 퇴근했다. 얼마 전까지만 해도, 이 이상 더 할 수 없다고 생각했는데 지금은 그때와는 전혀 다른 기분이었다. 몸은 좀 피곤해도 정신적으로는 전혀 피곤하지 않았다. 역시 한계는 스스로 정하는 것이란 생각이 들었다.

근거 없는 자신감이라고나 할까. 지금의 나라면, 하토리 부장에게 무슨 말을 들어도 이 기분을 그대로 유지할 수 있을 것 같았다.

집으로 돌아오니, 우편함에는 또 흰 봉투가 있었다.

성공했다는 착각이
최대의 실패 원인이다.

이건 또 무슨 말인가? 성공은 성공 아닌가? 성공이라고 착각하면 그 뒤에 실패한다는 말인가? 그렇다면 누구나 인정할 수 있는 성공을 하면 된다. 이 말은 지금 내 상황과 관계없는 말이란 생각이 들었다. 어쨌든 결과가 모든 것을 정당화할 수 있기 때문이었다.

※

태풍이 오기 직전이었다. 거센 바람이 무성한 나뭇잎들을 요란하게 흔들었다. 그 날, 나는 의욕에 넘쳐 하토리 부장에게 프레젠테이션 영상과 자료를 보여주러 갔다.
"어중간하게 하면 다른 사람을 흉내 내는 것이 되지만 끝까지 파고들면 독창적인 것이 나오는군."
하토리 부장은 프레젠테이션 자료를 훑어보면서 혼잣말인지 내게 하는 말인지 모를 말을 중얼거렸다. 그리고 내 눈을 보면서 한 마디 덧붙였다.

"좋아, 그럼 이걸로 프레젠테이션을 하도록 하게!"

해냈다! 드디어 해냈다! 처음으로 인정받았다!

하토리 부장은 예전과 마찬가지로 내 코앞에 자료를 내밀며 돌려주었지만 얼굴엔 전에 없던 미소를 띠고 있었다. 내 마음속에서 칭찬을 한마디쯤 해주었으면 하는 서운함이 고개를 들려고 했다. 하지만 드디어 인정받았다는 쾌감과 하나부터 열까지 스스로 준비한 자료로 해냈다는 기쁨이 더 컸다. 참을 수 없을 정도로 가슴이 벅차올라 누가 한마디만 해보라고 하면 그대로 울어버릴 것 같았다. 하토리 부장의 얼굴을 바로 볼 수가 없어서 몇 초 동안 목례만 한 뒤에 내 자리로 돌아왔다.

"다무라 씨. 통과했어요! 이걸로 프레젠테이션 하기로 했어요. 모두 도와준 덕분에……."

더 이상 참지 못하고 흐르는 눈물을 손으로 훔치며 말했다.

"대단해요! 축하해요!"

다무라의 목소리도 조금 떨렸다.

"모두 도와준 덕분이에요. 나 혼자선 절대로 불가능한 일이었어요. 정말, 정말 고마워요."

"토오 씨가 포기하지 않고 열심히 했기 때문이에요. 그래서 모두들 응원해주고 싶어진 거고요."

그런 말을 들으니 기쁨이 더 커졌다. 나는 한 동안 이런 좋은 기분에 취해서 지냈다. 드디어 많은 고객들 앞에서 프레젠테이션을 할 시간이 다가왔다. 이제까지 그토록 힘든 시간을 견뎌온 것을 생각하니 어떤 질문에도 대답할 수 있을 것 같은 자신감이 생겼다. 늘 실패만 했는데도 아직도 이런 자신감이 남아 있다니 신기할 따름이었다.

"… 이상으로 프레젠테이션을 마치겠습니다."

그 순간, 회의장에 모인 고객들이 우레와 같은 박수로 나를 격려했다. 프레젠테이션은 생각 이상으로 호평을 받았다. 이제야 나는 '새롭게 한 걸음을 내딛었다.'는 생각이 들었다. 나는 밀려오는 성취감에 가슴이 벅차올랐다. 그동안 도와준 동료, 영상과 음악을 준 후배, 여러 가지 조언을 아끼지 않았던 선배, 모두의 웃는 얼굴이 떠올랐다. 한시라도 빨리 그들에게 감사의 마음을 전하고 싶어 견딜 수 없었다. 지금 같아서는 무슨 일이든 할 수 있을 것 같았다. '모든 것은 나로부터 시작된다.'는 것을 마음 깊이 깨닫는 순간이었다.

인생을 걸고 하는 일

  그 후, 1주일 동안 나와 마주치는 사람은 누구든 프레젠테이션 이야기를 꺼내며 나를 칭찬했다. 별로 친하지 않던 동기들도 메일을 보내왔고 생산부에서는 앞으로 매상이 더 오를 것 같다는 말을 하기도 했다. 여기저기서 쏟아지는 칭찬에 나는 크게 우쭐해졌다. 예전과는 달리 모두가 내 말에 귀를 기울여 주었고 특히, 내 조언을 들으려는 후배들이 많아졌다.
  이제 회사 안에서 내 입지가 확실해지는 듯했다. 아주 기분 좋은 일이었다. 이렇게까지 자신감이 충만해진 것도 처음이었다. 주변 사람들이 내 실적을 알고 경의를 표한다고 생각하니 자부심도 느꼈다. 덕분에 예전의 나라면 상상할 수 없을 정도로 당당하게 사람들과 이야기를 나눌 수 있었다. 상대방이 확실히 내 의견을 말할 수 있도록 배려해주었기 때문에, 무엇이든 생각대로 할 수 있었다.

'그래, 이런 태도로 사람들을 대하면 되는 거야!' 내 안에서 상당한 의식 개혁이 일어났고, 의욕 또한 넘쳤다. 의욕도 자신감도 없었던 내가, 단 한 번의 성공으로 자신감이 넘치다 못해 거만한 인간으로 변해가고 있었다. 어느새 주위 사람들에게 감사하던 마음은 사라지고, 내가 옳다는 생각에 사로잡혔다. 선배가 조언을 해주어도 내 생각만 밀어붙였다.

"토오 씨, 지난주에 얘기했던 것 말인데, 고객하고 미리 약속 잡았지?"

"아니요. 기획안을 마무리 짓고 연락하는 편이 좋을 것 같아 아직 안 했습니다."

늘 내 생각이 옳다고 믿었기 때문에 다른 사람의 의견에 대해 반박하게 되었다.

"테라다 씨, 저기 있는 자료 전부 복사해둬요. 아주 중요한 자료니까 백지 같은 거 안 섞이게 한 장씩 확인해야 해요."

사소한 일은 내가 할 일이 아니라고 생각하고 모두 신입 사원들에게 시켰다.

"지지난 달부터 공급이 늘어난 상품에 대한 이의제기가 증가하고 있습니다. 모두 사소한 것들이기는 하지만 대책을 세워야 하지 않을까요?"

"그래요? 그건 마시코가 알아서 처리해요. 난 지금 그보다 더 중요한 일을 처리하느라 너무 바빠요."

사소한 민원을 처리하는 일 따위는 내가 할 일이 아니라고 여겼다. 내게 어울리는 일은 좀 더 다른 것이라 생각했다.

"저, 미안하지만 토오 선배. 지난번과는 말이 다르시네요."

"그건 상황이 바뀌니까 말도 바뀌는 거예요. 할 수 없어요. 일을 스스로 알아서 하지 않는 본인에게 문제가 없는지 돌아봐요."

나 자신의 잘못은 인정하고 싶지 않았다. 아니, 내게 잘못이 있을 리 없다고 생각했다. 무슨 이유든 찾아내 상대방 탓으로 돌렸다.

그 즈음 우리 집 우편함에는 또 하나의 흰 봉투가 날아들었다.

강함은 타인을 높이고
약함은 자신을 높인다.

조금 뜨끔했다. 지금의 나 자신을 비판하는 말처럼 느껴졌다. 흰 봉투에 담긴 글귀들로 인해 깨달은 점도 많았지만 자신감이 생긴 지금은 설교조의 편지가 마음에 거슬리기만 했다. 게다가 도대체 왜 이런 편지를 계속 써 보내는지, 아직도 그 의도를 알 수가 없었다.

　이렇게 해서 사람들이 하나둘 내 곁을 떠나갔다. 하지만 그런 것은 상관없었다. 애써 다른 사람과 관계를 맺지 않아도 일은 잘 풀렸다. 지금 내가 하는 일은 혼자서도 충분히 할 수 있는 일이었다. 내가 좀 더 높은 평가를 받으려면 주위 사람들과 함께 하기보다는 혼자서 일을 처리해 깊은 인상을 남겨야 했다. '다른 사람들에게 지고 싶지 않다.'거나, '그들보다 높은 평가를 받고 싶다.'는 욕구가 점점 강해졌다. 지난번 프레젠테이션이 성공할 수 있었던 것이 모두가 나를 도와주었기 때문이라는 사실을 잊어버린 채…….

　그 성공적인 프레젠테이션 후, 나는 눈에 띄게 매상을 올리고 있었다. 특히 내가 프레젠테이션 한 제품에 대해서는 자신감을 가지고 영업에 나섰기 때문에 몇 건이나 수주에 성공할 수 있었다. 이제 어떻게 물건을 팔아야 하는지를 알게 되었고, 실적이 쌓여갈수록 일이 점점 더 재미있어졌다.

아름답게 물들어가는 나뭇잎들이 차가워지는 바람에 흩날려 하나둘씩 떨어졌다. 회사 앞 보도 위엔 마치 황갈색 융단을 깔아놓은 것 같았다.

점심시간이 끝나고, 기분 좋게 일을 시작하려 할 때였다. 전화 수화기를 잡은 하토리 부장이 몇 번이나 미안하다고 하며 허공에 고개까지 숙이는 모습이 눈에 들어왔다. 저 인간도 저렇게 사과할 때가 있나 하고 지나치려는데 괜히 무슨 일인지 궁금해졌다. 하지만 그런 태평스러운 생각도 하토리 부장의 고함 소리와 함께 한순간 사라졌다.

"토오! 잠깐 이리와 봐!"

하토리 부장은 전화를 끊자마자, 커다란 목소리로 급하게 나를 불렀다. 전에 없이 화가 난 표정이라 보통 일이 아니다 싶어 뛰듯이 그 앞으로 갔다.

"홋코 자동차에서 이의제기가 들어왔어! 뭐가 잘못됐는지 알겠어?"

홋코 자동차라면, 얼마 전에 신제품 발표회에 몇몇 직원들이 참석했던 회사였다. 그때 내가 했던 프레젠테이션을 계기로 계약 체결 직전에 와 있는 중요한 고객이기도 했다.

'무슨 이의제기지?' 나는 영문도 모른 채, 하토리 부장에게 다소 겁먹은 표정으로 물었다.

"지금 전화 왔나요? 어떤 이의제기인지요?"

"그건 내가 묻고 싶은데. 자네, 도대체 어떻게 된 사람이야. 후루야 과장이란 사람에게 전화 왔으니까, 서둘러 무슨 일인지 알아보고 대처해. 보고서도 제출해."

"네에."

상황은 파악이 안 되었지만, 하토리 부장이 전화 받던 모습으로 보아 빨리 사과해야 할 일이 벌어진 것만은 확실했다.

아침에 우편함을 열자, 흰 봉투가 들어 있었다.

문제는 현실을
감동으로 바꿀 수 있는 기회다.

'문제가 현실을 감동으로 바꾸는 기회라고? 문제란 해결하는 것이 아니었던가? 감동으로 바꾼다니 도대체 그게 가능한 이야기인가?' 지금 나만 해도 눈앞에 닥친 문제를 구체적으로 파악해 그 해결책을 찾는 게 무엇보다 시급했다.

훗코 자동차에 갔더니 대기실로 안내해줬다. 나는 긴장하며 기다렸다. 잠시 후 몸집이 크고 피부가 검어 고릴라를 연상시키는 한 남자가 들어왔다. 늘 대하던 담당자가 나올 것으로 예상했던 나는 당황하면서 자기소개를 했다.

"아, 처음 뵙겠습니다. 저는……."

"자네가 토오?"

한 번도 들어본 적이 없는 낮고 쉰 목소리였다.

"네, 그렇습……."

"자네, 뭐 하러 온 건가?"

"네, 제가 이번에 찾아온 것은……."

갑작스런 질문에 당황한 나머지 어물거리는데 그가 낮은 음성으로 다시 물었다.

"자기가 왜 여기에 왔는지도 모르는 건가?"

"죄송합니다. 제가 담당자입니다만, 무언가 실수가 있다는 전화를 받았습니다."

"그 전화 건 사람이 나요. 내가 왜 전화를 했는지는 알고 있나?"

그것을 확인하려고 내가 여기까지 온 것 아닌가?

"죄송합니다. 이의제기 전화를 받은 이유를 아직 파악하지 못하고 있습니다."

내가 천천히 대답하려니, 그 고릴라 같은 남자가 내 말을 가로막듯이 한숨을 쉬며 말했다.

"당신, 지금 그런 것도 파악하지 못하고 여기 온 거요?"

"정말 죄송합니다. 저희 쪽에 무슨 문제라도?"

"저희 쪽이 아니라, 바로 당신이 문제야!"

"네, 하지만 기술적인 문제라면 저는 잘 모르니 기술개발부……."

"자네는 늘 그런 식으로 자기 일을 남의 일 얘기하듯, 남 탓만 하며 일하는가? 소문보다 더 어이없는 사람이구면."

"소문?"

"어쨌든 그건 그렇고, 자신이 하고 있는 일에 책임을 지지 않으려는 것은 비즈니스맨으로서 최악이야!"

나 때문에 화가 난 것은 분명했다. 하지만 무엇 때문에 이렇게 화가 났는지 도대체 알 수가 없었다.

"그만 돌아가요!"

"네에?"

"자네랑은 아무리 얘기해도 결말이 나지 않을 것 같으니 돌아가란 말이요."

그건 당찮은 말이다. 이대로 돌아가면 하토리 부장에게 불호령이 떨어질 게 분명했다.

"정말 죄송합니다. 이번 사건에 대해 무엇이 문제인지를 아직 잘 모르고 있습니다. 부끄럽지만, 좀 가르쳐주시겠습니까?"

몇 초 동안 침묵하던 고릴라가 표정도 변하지 않은 채 말했다.

"자네가 인생을 걸고 하는 일은 뭐요?"

"네에?"

질문의 의미를 몰라 우물쭈물하고 있는데 고릴라가 아무 말 없이 방을 나가버렸다. 결국, 사과는 고사하고 명함조차 제대로 건네지 못했다. '전화 건 사람이 나요.'라고 했으니, 하토리 부장이 말했던 후루야 과장일 것이라고 짐작할 수는 있었다.

사무실로 돌아오자, 하토리 부장이 홋코 자동차에서 고객과 나눈 얘기를 하나하나 보고하라고 했다. 보고가 끝나자, 홋코 자동차는 오래전부터 거래해온 주요 고객이므로 신뢰를 회복할 때까지 계속 찾아가라고 했다. 다행히도 하토리 부장은 더 이상 화를 내지는 않았다. 이때는 상상도 하지 못했다. 그 후 매일 같이 그 고릴라를 찾아가게 될 줄은.

⚜

그 날도 우편함에는 흰 봉투가 들어 있었다.

다른 사람을 탓하면
성장할 수 있는 기회가 줄어든다.

 이번 편지도 잘 이해가 가질 않았다. 분명히 잘못이 다른 사람에게 있을 때에도 탓하지 말란 말인가? 게다가 성장 기회 따위는 줄어드는 게 오히려 속 편했다. 그러기 위해서라도 남을 탓해야 할 판이었다. 이런 종잡을 수 없는 편지글을 해석하고 있는 것 자체가 시간낭비였다. 지금 내게 중요한 것은 고릴라에게 용서를 받는 일이었다. 우선 고릴라를 화나게 만든 원인을 짚이는 대로 쭉 써보았다. 지난번에 그와 나누었던 대화도 하나하나 다 써보았다. 또, 기술 개발부를 찾아가 혹시 고릴라 쪽이 구입한 상품에 대해 다른 곳에서 이의제기가 들어온 적은 없는지도 물어보았다. 하지만 이제까지 상품에 대한 이의제기는 전혀 없었다.
 나는 앞이 꽉 막힌 기분이 들었다. 무엇을 잘못했는지 전혀 알 수 없었다. 혹시, 누군가 기술적인 문제에 잘못 대응해 놓고 회사에 보고하지 않은 것인지도 몰랐다. 그것을 영업 사원인 내 탓으로 돌렸을 가능성도 있다. 이런 식으로 생각하다보니 결국 다른 사원들에 대한 불신감만 커졌다. 그 후 몇 번인가 후루야 과장을 만나려고 전화했지만 일부러 따돌리는 것인지 전화 연결이 도무지 되질 않았다. 이 사실을 하토리 부장에게 보고하자 무뚝뚝하게 대답했다.

"그럼, 직접 만나러 가봐."

나는 사전 약속을 잡지도 못한 채 후루야 과장을 만나러 홋코자동차를 찾아갔다. 하지만 세 번이나 찾아갔는데도 만날 수가 없었다. 도대체 어떻게 해야 하나? 나는 점점 더 어쩔 줄 모르게 되어 불안감에 휩싸였다.

당장 내가 할 수 있는 것은 그저 무작정 찾아가는 것밖에는 없었다. 그날도 나는 후루야 과장을 찾아갔다가 부재중이란 말을 들었다. 이번엔 쉽게 물러나지 않을 작정이었다. 그가 돌아올 때까지 현관 밖에서 기다리기로 했다. 두 시간 정도 흐르자 내 모습이 처량해 보였는지 현관의 접수 담당자가 나를 대기실로 안내했다.

"과장님 오시면 기다리고 있다고 전해 드릴 테니 여기 있으세요."

조마조마하며 기다리고 있으니 얼마 지나지 않아 삐거덕 문이 열렸다. 고릴라 같이 생긴 후루야 과장이 턱을 쑥 내밀며 들어왔다.

"도대체 왜 온 거요?"

"저, 뵙고 차분히 말씀을……."

"어차피 자넨 상사가 가보라니까 억지로 온 거 아닌가? 훤히 보이는군."

"그런 지시를 받긴 했지만 그래도……."

긴장한 나머지, 있는 사실을 그대로 말해버렸다.

"그런 마음으로 찾아온 사람은 만나고 싶지도 않지만 직원이 아까부터 기다리고 있다고 하기에……."

"감, 감사합니다."

"내가 왜 화났는지 아직도 모르는 거요?"

"상품에 결함이라도 있었습니까? 그렇다면 개발 담당자를 데려와 사과하겠습니다. 아님, 다른 직원이 일으킨 문제라면 그 직원에게도 사과시키겠습니다."

"자네 말이야. 왜 늘 다른 사람 탓만 하지? 설령 다른 부하 직원 잘못이어도 담당자는 자네니까 '모두 제 책임입니다' 하는 자세로 나와야 되는 거 아니요? 틀렸나?"

나도 모르게 다른 사람에게 책임 전가하고 있는 것을 날카롭게 지적당했다. 후루야 과장은 크게 한숨을 쉬면서 말했다.

"자넨, 사랑이 없어."

"아, 사랑이요?"

후루야 과장은 그렇게 말하고는 곧 밖으로 나가버렸다. 간신히 만났는데 이번에도 아무런 수확 없이 돌아와야 했다.

사무실로 돌아오는 전철 안에서 나는 후루야 과장이 남긴 마지막 말이 마음에 걸려 견딜 수 없었다. 도대체 왜 일에 '사랑'이 필요하단 말인가. 그것은 인간적인 관계를 맺을 때나 중요한 것이지 실적을 거두어야 하는 일과는 관계없는 것 아닌가. 일과 사랑이 어떻게 관계가 있다는 것일까? 그러고 보니, 지난번에 만났을 때에도 마지막에 '자네가 인생을 걸고 하는 일은 뭐요?' 하고 뜻밖의 질문을 던졌다. 도대체 이런 말들에는 어떤 의미가 있는 것일까.

사무실로 돌아온 나는 후배에게 맡기고 갔던 일을 확인하려고 그녀 쪽으로 갔다.

"내가 부탁한 일 다 끝났어?"

"아직 못 끝냈습니다."

그녀가 노골적으로 기분 나쁜 표정을 짓기에 나도 모르게 말투가 거칠어졌다.

"그럼, 어디까지 끝낸 거야?"

"아직 아무것도……. 선배, 이제 회사로 들어오셨으니 본인 일은 스스로 하실 수 있겠네요. 전 다른 일이 산더미처럼 기다리고 있어요. 자, 여기 있어요."

그녀는 이렇게 말하며 내가 맡겼던 자료를 건네주었다.

"조금 도와주면 좋잖아. 나도 지금 일이 많단 말이야."

"선배는 늘 제게 지시만 하시네요. 자기 일은 도와달라고 하면서 다른 사람 일은 모른 척 하시잖아요. 모두 다 각자의 일이 있는데 선배는 자신만 생각해요. 남을 배려하는 법이 없어요."

마치 내가 냉혹한 인간이라도 되는 양, 그녀가 쉬지 않고 몰아세웠다. 나도 분한 나머지 감정적으로 대꾸했다.

"내가 부탁한 것은 사실이지만 자네 일보다는 내 일이 중요한 게 더 많잖아."

목소리가 커지자 주위 사람들의 시선이 일제히 우리 쪽으로 쏠리는 듯했다. 어색한 분위기를 무마해볼 말을 찾았지만 적당한 말이 생각나질 않았다.

"… 됐어. 다른 사람에게 부탁할 테니까……."

그렇게 말하고는 자료를 모두 돌려받아 가까이 있는 다른 후배에게 부탁했다.

"미안하지만, 이 일 좀 부탁할 수 있을까?"

하지만 그는 내 말이 전혀 들리지 않는다는 듯이 자리에서 일어나 어디론가 가버렸다. 내 존재는 아예 무시당했다. 이놈이든 저놈이든 마음에 드는 놈이 없다는 생각에 부글부글 속을 끓이며 내 자리로 돌아왔다. 그나저나 '배려할 줄 모른다.'는 말은 뜻밖이었다. 그 말을 생각하다 보니 문득 아까 후루야 과장에게 들은 이야기가 생각났다. '자넨, 사랑이 없어.' 애써 그 말은 지금 이 상황과 관계없다고 생각하려 했다. 하지만 옆자리에서 열심히 일하고 있는 다무라를 보니 내 마음은 크게 흔들렸다. 정말 내가 다른 사람을 배려할 줄 모르는 사람인 것 같은 기분이 들었다.

이익될 게 없는데도 열심히 도와준 다무라에게도 난 도움을 준 적이 거의 없었다. 늘 내 입장만 우선시하며, 내가 여유 있을 때에만 겨우 도우려 했던 나였다.

얼마 전에 개발부의 동료가 몇 번이나 자료 작성에 대해 조언해달라고 부탁한 적이 있었다. 그 때마다 나는 핑계를 대면서 거절했다.

"토오 씨, 일을 혼자서 할 수 있다고 생각하는 거예요? 지금까지 그렇게 주변 사람들의 도움을 받아놓고선. 그 덕분에 일도 잘 풀렸잖아요. 그 정도는 알고 있죠?"

돌이켜보니, 지난 몇 달 동안 나는 이런 식의 말을 여러 번 들었다. 하지만 나는 그때마다 마음속으로 반발했다. '그래도 결국 내가 열심히 해서 이렇게 된 거야!' 라고.

책상에 앉아 일을 시작하려 해도 마음이 어지러워 집중이 안

됐다. 기분 전환도 할 겸 사무실 밖으로 나가보기로 했다. 그래서 물건을 찾는 척하다가 서점에 다녀오겠다는 말을 다른 직원에게 남기고 사무실을 나섰다. 사실 그동안 내가 잘못 살아온 것일지도 모른다는 불안감으로 흔들리고 있었다.

※

일을 마치고 집으로 돌아가는 도중에 문득 오니지마가 생각나 전화를 걸었다.
"아, 나도 너한테 마침 전화하려던 참이야."
오랜만에 듣는 오니지마의 밝은 목소리에 힘이 나는 듯했다.
"오니지마는 언제나 기운이 넘쳐 뭐 좋은 일이라도 있냐?"
"그냥 그래. 넌 요즘 어때?"
"글쎄, 요즘 회사 사람들이랑 별로 잘 지내지 못해."
고객에게 이의제기가 들어왔다는 얘기는 굳이 하지 않았다.
"그래? 직장이 원래 지내기 쉬운 곳은 아니야. 자란 환경이나 살아온 경험들이 전혀 다른 사람들이 모인 곳이잖아."
"아무리 일을 열심히 하려 해도 인간관계가 잘 안 풀리니까 금방 피곤해져."
나는 길 옆 화단 턱에 걸터앉았다.

"그것처럼 피곤한 것도 없지. 사실, 직장 생활에서 일보다 더 피곤한 게 인간관계야. 아무리 일이 바빠도 인간관계만 좋으면 별로 피곤하지 않거든."

"으음. 정말 쉽지 않은 문제야."

"하지만 분명 어딘가 원인이 있을 거야."

"그걸 알면 내가 이 고생을 안 하지."

"가르쳐줄까? 그런 경우 대부분 자기 자신한테 문제가 있더라고."

오니지마가 일부러 나를 비웃는 것 같았다.

"뭐야, 너도 그 얘기야?"

"하하하! 늘 주변에서 듣는 얘기잖아."

"시끄러!"

"하하하! 인간관계에 너무 신경 쓰지 마. 물론 그게 생각처럼 쉽지는 않겠지만."

내 머리 속에는 '버럭 화가 날 때는 나에게 문제가 있다.' 라는 말이 맴돌았다. 하지만 그런 말에는 별로 동의하고 싶지 않았다.

"다른 사람을 바꿀 수 있는 뭔가 좋은 방법 없을까?"

"그게 힘드니까, 바로 내가 변해야 된다는 거야, 안 그러냐?"

"아, 알았어!"

나는 오니지마의 말에 딱히 대꾸할 거리를 찾지 못했다. 하지만 오니지마는 나랑 장난치듯 얘기하는 것을 즐기고 있는 듯했다.

"하하하! 우리 언제 한잔 해야지. 난 언제든 좋아."

"나, 이제 너랑 술 안 마신다!"

물론 내 본심은 그게 아니었지만 이 말은 내가 오니지마에 할 수 있는 최대의 저항 표시였다.

"그럼, 이만 끊는다."

나는 오니지마가 말할 겨를도 주지 않고 전화를 끊었다. 내 주변 사람들이 이상한 것일까, 아니면 내가 이상한 것일까. 내 눈에는 주변 사람들이 이상해 보이기만 했다.

갑자기 옛날에 천문학 책에서 읽은 것들이 떠올랐다. 아주 옛날 사람들은 천동설을 믿었다. 그 이유는 땅 위에 가만히 서 있는 사람의 눈에는 태양과 별이 움직이는 것처럼 보였기 때문이었다. 하지만 천동설로 설명할 수 없는 모순을 하나둘 발견하면서 '지구가 움직인다.'는 학설이 제기됐다. 그 후, 과학이 발달하면서 '지동설'을 입증해주는 연구에 성공했고, 결국, 오늘날 정설로 인정되었다.

자신이 옳다고 생각하면, 자기와 맞서는 다른 사람들은 틀린 것처럼 보일 수밖에 없었다. 지금까지 옳다고 여겼던 것이 사실은 천동설처럼 틀린 것일지도 모른다는 생각이 내 안에서 차츰 고개 들었다. 물론, 심적으로는 그것을 인정하고 싶지 않았지만 이대로 가다가는 아무것도 해결하지 못할 게 뻔했다. 지금까지 나는 성과나 평가만 우선시하는 직장인으로서 당연시 여겼다.

※

오늘도 우편함에는 흰 봉투가 들어 있었다.

직장은 행복을 느끼는 곳이다.

회사에서 일하는 '내 태도에 문제가 있지 않나'를 놓고 고민하기 시작했기 때문일까? 이 말이 아주 의미 깊게 다가왔다. 직장이란 일을 하는 곳이 아니던가? 돈을 벌기 위해 일을 하는 곳이 아니던가? 직장에서 행복을 느낀다는 것은 어떤 의미일까? 도대체 행복이란 무엇이지? 지금까지 내가 가지고 있는 상식으로는 이해할 수가 없었다. 다무라나 오니지마였다면 어떻게 생각했을까.

오늘도 아침에 가장 먼저 한 일이 후루야 과장을 찾아가는 것이었다. 대기실에서 기다리고 있으려니 후루야 과장이 뭔가 마음에 들지 않는 얼굴로 들어왔다.

"후루야 과장님, 안녕하십니까? 시간 내주셔서 감사합니다."

"또, 자넨가. 이유도 모르고 또 사과하러 온 건가. 무작정 찾아온다고 해서 해결될 게 아니잖나?"

"죄송합니다."

"아, 괜찮아. 어차피 나도 할 얘기가 있었으니까. 자네 회사랑 계약을 다시 검토할까 해."

"네? 잠, 잠깐만. 그 전에 제 얘길 좀 들어주실 수 있으십니까?"

계약을 취소하기라도 하면 큰일이었다. 나는 마음속으로는 초조해하면서도, 애써 냉정한 척하며 말을 이어갔다.

"저, 사실은… 제게 사랑이 없다고 하신 과장님의 말씀을 듣고, 깨달은 것이 있습니다."

어떻게든 후루야 과장의 관심을 끌 만한 이야기를 해야겠다는 생각에 엉뚱한 말을 내뱉고 말았다.

"그래?"

"저는 그동안 함께 일하는 주변 사람들에 대한 감사를 잊고 자기중심적으로 생활했습니다."

무언가를 얘기해야 한다는 압박감에, 처음으로 나에 대한 이야기를 꺼냈다.

"내 지시대로 일을 처리하지 않는 부하 직원이 있으면 어떤 사정이 있든 그를 부정했습니다. 나만 중요하다고 생각했기 때문에 상대의 감정은 안중에도 없었습니다. 배려할 줄도 몰랐습니다."

막상 이야기가 시작되자 술술 쏟아져나오는 말을 멈추기가 쉽지 않았다. 동시에 나 자신이 한심하다는 생각도 들었다.

"또, 이의제기 처리 같은 것은 하찮은 일로 여겨 자신의 일이 아니라고 생각했겠지?"

후루야 과장의 지적은 핵심을 찔렀다.

"제품에 관한 질문이나 작은 이의제기 때문에 가끔 전화하면 담당 책임자인 자네에게선 아무런 연락도 없었지. 전화 받는 사람이 대응해줄 뿐이었어. 그때 난 자네가 우리 사정이나 기분 같은 것은 전혀 배려할 줄 모르는 사람이란 생각이 들었지. 지난번에 내가 참석했던 프레젠테이션은 자네가 기획한 건가?"

"네."

나는 작은 목소리로 대답했다. 사실은 많은 사람들의 도움이 없었으면 결코 완성할 수 없었던 프레젠테이션이었다.

"우리는 그 프레젠테이션을 보고 감동받아서 발주했던 거야. 하지만 막상 뚜껑을 열어보니 담당자는 물건만 팔면 끝이란 생각을 하고 있더군. 아주 성의 없는 사람이라고 생각했지. 프레젠테이션이 멋지긴 했지만 그게 진실인지조차 의심스러울 정도야."

충격이었다. 프레젠테이션과 내 업무 태도 사이에 그렇게 큰 차이가 있을 것이라곤 미처 생각하지 못했다. 사소한 일에 대응을 소홀히 한 것이 이런 결과를 불러올 줄도 몰랐다. 늘 주변의 도움을 받으면서도 자기 능력만 지나치게 믿었고 스스로를 돌아볼 줄도 몰랐다.

후루야 과장은 냉정하게 말했다.

"자네는 무얼 중요하게 생각하며 일하나?"

"……."

갑자기 심각한 질문을 받자, 할 말이 생각나지 않았다. 그런데 처음으로 후루야 과장이 마치 딴사람처럼 부드러운 표정을 지으며 말했다.

"자, 오늘은 이만 돌아가게."

"하, 하지만 계약은……."

후루야 과장은 내 목소리가 전혀 들리지 않는다는 듯이 방에서 나가버렸다. 나는 온몸에서 힘이 쑤욱 빠져나가 버리는 느낌을 받았다. 만약 계약이 취소되면 하토리 부장은 나를 호되게 질책할 것이다. 무엇보다 회사가 받을 큰 타격을 생각하니 보통 일이 아니었다. 만약 그렇게 되면 내 입장은 어떻게 될까. 이제야 겨우 회사 생활이 잘 풀리나 싶었는데 모든 게 물거품처럼 사라질 위기에 처했다. 그냥 이대로 어디론가 숨어버리고 싶은 심정이었다.

회사에 돌아왔지만 아무도 나와 말을 하기는커녕 눈을 마주치려고도 하지 않았다. 다들 오늘 있었던 일을 알고 있는 눈치였다. 내가 관여하는 일도 나를 빼놓은 나머지 사람들끼리만 서로 정보를 주고받았다. 필요한 말만 할 뿐, 아무도 나와 대화를 나누려 하지도 않았다.

편지 중에는, '다른 사람을 탓하면 성장 기회는 줄어든다.'라는 말이 있었는데 지금이 딱 그 상황인 것 같았다. 어느새 나는 외톨이었다.

세상에서 가장 높은 벽

여느 날 아침처럼 알람시계가 울렸다. 달콤한 꿈이 한 순간 날아가고 눈이 확 떠졌다. 난 아침에 잘 못 일어나는 편이라 요란한 알람시계가 필요했다. 그렇긴 해도 아침부터 귀청을 때리는 알람 소리에 놀라서 눈을 뜨는 것은 그다지 상쾌한 일이 아니었다. 특히 오늘 아침은 눈을 뜬 순간부터 몹시 피곤했다. 출근하기 싫은 날이야 지금까지 수도 없이 많았지만, 오늘처럼 회사에 가기 싫은 적도 없었다.

'뭘 하러 굳이 일어났을까?' 내가 꼭 출근하지 않아도 일은 잘 돌아갈 것이다. 내 일은 누군가 대신 처리할 테고, 아무도 나

따윈 기다리지 않을 것이다. 어느새 회사에서 내 존재 가치가 없어졌다는 생각이 들었다. 숨쉬기 어려울 정도로 고독감이 밀려들었다. 왜 사는지 모르겠다는 생각까지 들었다. 나는 지금의 상황을 극복할 수 있는 실마리라도 찾고 싶은 심정이었다. 지금보다 상황이 좋아질 수 있다면, 뭐라도 좋으니 하고 싶었다. 나는 간신히 남아 있는 기력을 다해 출근 준비를 했다.

그 날은 하루 종일 힘이 나질 않아 일하는 척만 하며 시간을 보냈다. 출근하자마자 정시에 퇴근할 결심을 하며, 5분마다 시계를 보았다. 느릿느릿 흘러가는 시간에 그저 한숨만 나왔다. 아무것도 할 수 없었던, 너무도 길게 느껴졌던 하루가 드디어 끝났다. 집으로 돌아와 우편함을 여니, 또 흰 봉투가 들어 있었다.

<blockquote>
비 오는 날에도 구름 너머에는
태양이 빛나고 있다.
</blockquote>

나는 흰 봉투에 담긴 편지들을 애써 무시하고 있었지만, 그 편지들은 늘 조용히 어떤 메시지를 던져주었다. 지금까지 편지에 쓰여 있는 말은 나로서는 받아들이기 어렵거나 필요 없어 보

이는 말뿐이었다. 하지만 지금 내 손에 들려 있는 편지는 당장 내가 힘들어하고 있는 문제를 해결할 힌트를 제공하는 듯 보였다. 이전에도 그런 생각을 하면서 편지글에서 해답을 찾으려다 포기한 적이 있기는 했다. 오늘은 절대 포기하지 않고 편지글을 제대로 이해하고 싶었다. 왜냐하면 지금까지 내가 편지글의 의미를 깨닫지 못했던 이유를 알았기 때문이었다. 사실 나는 그동안 편지글의 의미를 이해할 수 없었던 게 아니었다. 단지, 이해하기 싫었던 것이었다.

내가 흰 봉투에 담긴 글을 이해하기 싫었던 진짜 이유는 따로 있었다. 그것은 편지글을 읽을 때마다 나 자신을 부정하는 기분 때문이었다. 나는 자신을 부정당하는 게 싫어서 감히 편지글의 의미를 제대로 이해하길 거부했던 것이다.

내가 옳다고 생각하는 일을 상대가 이해해주지 않거나 반론하면 그것처럼 싫은 일도 없었다. 이런 태도는 자신을 지키기 위한 수단일지는 몰라도 인간으로서 배우고 성장하는 것을 포기하는 길이나 마찬가지였다. 사실 내가 이것을 모르는 것은 아니었다. 아무리해도 지금까지는 성장하는 길을 택하는 게 쉽지 않았다. 원인은 내 마음의 연약함에 있었다. 마음이 약했기 때문에 자신의 태도를 부정하는 편지글에 담긴 진정한 의미를 받아들이는 게 너무 힘겨웠다.

문득, 그때 '보려고 하는 대로만 보인다.'는 편지글이 떠올랐다. 맞다. 정말 그랬다. 나는 그동안 자신의 형편대로만 사물을 보려고 했던 것이다.

갑자기 지금까지 어떤 편지들을 받았는지 확인하고 싶어졌다. 이제는 편지글의 내용을 솔직하게 받아들일 수 있었다. 자신의 연약한 부분을 인정하고 조금 더 강해질 수 있다는 생각도 들었다. 그 순간 몇몇 편지글들이 새롭게 떠올랐다.

'모든 것은 나로부터 시작된다.', '모든 일에는 수만 가지의 방법이 있다.' 그래, 내가 할 수 있는 방법을 찾아보고 그것들부터 하자. 그동안은 눈에 보이는 좋은 결과를 얻겠다는 생각에 항상 최고의 방법만 찾고 있었다. 그런데 그 방법을 몰라 아무것도 할 수 없었던 것인지도 모르겠다. 하지만 어떤 일이든, 그것을 해결할 수 있는 방법은 수백만 가지가 있었다. 우선 할 수 있는 것부터 하나씩 시작하자. 그래도, 일이 잘 풀리지 않아 괴로움만 더해지면 어떻게 하면 좋을까?

순간, 또 다른 편지글이 떠올랐다. '극한의 고통 속에서 무엇을 얻을지 생각하라.', '어려운 일이 즐겁다.' 일이 잘 풀리지 않는다고 해서 괴로워하지만 말고 그 고통에서 무엇을 얻을 수 있는지를 생각해 봐야겠다. 얻을 수 있는 것을 발견하면 다음에는 어떻게 하면 좋을지도 점점 더 분명해질 것이다. 또, 그렇게 하다보면 잘 풀리지 않는 일을 즐기며 할 수도 있을 것이다. 내 속에서 무언가 큰 변화가 일어나고 있었다.

※

하루가 다르게 추위는 매서워졌지만 크리스마스트리의 화려한 불빛은 휑한 거리를 따뜻하게 감싸주었다.

다음 날 출근하자마자 바로 훗코 자동차 건에 대해 하토리 부장에게 사과하러 갔다.

"이의제기 문제를 해결하기는커녕, 어쩌면 계약 자체를 재검토할지 모르겠습니다. 정말 죄송합니다."

팔짱을 낀 채 내 이야기를 듣고 있던 하토리 부장이 의외로 화를 내지도 야단치지도 않았다.

"이 사건은 앞으로 자네가 알아서 하게."

그냥 이 한마디 말로 끝이었다. 드디어 '나를 포기해 버린 건가.' 하는 생각이 들었다. 이제 여기까지 왔으니, 누가 봐도 납득할 만한 상황이 될 때까지 후루야 과장을 계속 찾아가는 수밖에 없었다. 그것이 지금 내가 할 수 있는 유일한 일이었다.

불과 얼마 전, 업무상 승승장구하던 시절에는 내가 크게 성공할 수 있다고 생각했다. 이제는 일을 못하던 예전의 나로 되돌아간 것 같았고 어쩌면 그 이상으로 무능력해진 기분이 들었다. 일이나 인간관계가 서툴러 인생살이에도 헤매던 나였지만, 지금처럼 앞이 깜깜하고 힘든 적이 없었다. 하나의 문제를 해결했다고 생각하면 전혀 다른 성질의 심각한 문제가 내 앞에 나타나는 경우도 있었다. 아마도 문제의 근본적인 원인을 해결하지 않았기 때문일 것이다. 근본적인 해결, 지금 내가 가장 원하는 것이었다. 아직은 그 실마리를 찾지 못했다. 답답함이 이제는 비장함으로 변하고 있었다.

나는 무턱대고 누군가와 툭 터놓고 이야기를 나누고 싶어졌다. 지금 내 이런 기분을 그대로 받아 줄 사람은 다무라밖에 없었다.

"저, 다무라 씨. 잠깐 얘기 좀 하고 싶은데 시간 있어요?"

"어떻게 된 거예요? 얼굴이 너무 심각해요."

일부러 아무렇지도 않은 표정을 지으려 애썼는데도 다무라는 내 마음을 꿰뚫어보고 있었다.

"아니… 저… 다무라 씨한테 조금도 도움을 주지 못하는 존재인 거 같아서… 언제나 내 일밖에 생각할 줄 모르고… 지금 와서 후회해도 소용없겠지만, 난 인간관계도 일도 다 실패한 거 같아. 정말 열심히 해보려고 했는데 열심히 하면 할수록 나쁜 결과만 생겨요."

다무라는 이미 모든 것을 알고 있다는 듯이 미소 지으며 늘 그렇듯이 부드러운 어조로 이야기했다.

"지금 힘들어하는 일이 토오 씨가 앞으로 성장하는 데 필요한 밑거름 역할을 하지 않을까요? 일에서 실패는 있을지 몰라도 인생에서 실패란 없어요. 지금 일어난 일을 어떻게 받아들이느냐에 따라 토오 씨 앞에 펼쳐질 인생도, 또 주변 사람들에게 미칠 영향력도 자연스럽게 변해가지 않겠어요."

"말은 그럴 듯하지만… 이제 무엇을 어떻게 하면 좋을지 모르겠어요. 이제 누구도 나를 믿어주지 않는 것도 같고."

"어째서 그렇죠?"

다무라는 고개를 갸우뚱하며 물었다.

"지금까지 고객이랑 모두들에게 미움 살 짓만 한 것 같아요. 난… 정말 누가 봐도 문제가 많은 놈이에요. 어렸을 때부터 특별한 장점도 없었고."

"그건 지금까지의 이야기잖아요. 앞으로 토오 씨가 살아갈 인생은 아니잖아요. 앞으로의 일이라면 몇 번이든 바꿀 수 있어요. 문제가 있다고 알아차린 순간, 바꾸는 게 가장 쉽고 빨라요."

"지금부터 어떻게 하면 변할 수 있을까요?"

"토오 씨, '어떻게 하면 변할 수 있을까'에 신경 쓰기보다는 무엇이든 해보겠다는 마음이 필요하지 않을까요? 지금까진 특별한 재능이나 장점이 없었다 해도, 지금부터라도 노력하면 변할 수 있어요."

확실히 다무라는 노력가였다. 하지만, 지금 나는 그렇게 할 자신이 없었다.

"하지만, 노력이란 고통스러워. 어떤 노력을 해야 할지도 끊임없이 생각해야 하고."

"고통스럽지 않아요. 고통스러울 거라고 지레짐작하는 거예요? 괴로워 보이는 일을 즐겁게 하는 사람들도 많아요. 그런 사람들은 모두 앞을 내다보며 살지요. 가슴 설레는 미래를 향해 노력하며 나아가는 거예요. 또 그것을 즐기면 더욱 좋고요."

나는 앞으로 내가 하는 일에서 무엇을 보고 싶은 것일까? 자신의 일을 통해 어떤 미래를 만들고 싶은 것일까? 지금까지 이런 일은 전혀 생각해본 적이 없었다. 그냥 눈앞의 목표를 향해 그때의 결과에 일희일비해왔을 뿐이었다. 이 상황에서 벗어나기 위해서는 현실만이 아니라, 더 나아가 미래를 보려고 하는 의식이 필요한지도 모르겠다.

하지만, 그건 단순히 망상에 불구하건 아닐까? 그런 망상이라도 필요하기는 할까? 이야기하다가 내가 갑자기 묵묵히 생각에 잠기자, 다무라는 내 얼굴을 들여다보았다.

"괜찮아요?"

"아, 괜찮아요."

"난, 토오 씨를 믿어요. 무슨 일이 있어도 옆에 있을게요. 이 고비를 같이 넘겨요."

다무라의 마지막 말이 내 마음을 흔들었다. 지금 상황에 대한 비참함과 다무라의 따뜻한 마음이 동시에 느껴져 뜨거운 감정이 차올랐다. 울고 싶은 기분을 억지로 참으며 대답 대신 고개만 끄덕거렸다.

비록 한 사람이지만, 이런 나를 응원해주는 사람이 있다는 그 사실만으로도 기뻤다. 아직 어떻게 하면 좋을지 모르겠지만, 나 자신을 바꾸고 싶은 기분은 점점 강해졌다.

그날 밤 우편함을 열면서, 지금까지는 맛보지 못했던 기분을 느꼈다. 어느새 흰 봉투가 들어 있기를 기대하는 내가 보였기 때문이었다.

"있다!"

나는 흰 봉투 속에 담겨 있던 말을 제대로 이해하고 싶었다. 엉켜버린 내 인생의 실마리도 하나하나 풀어보고 싶었다. 현관을 열고 서둘러 방에 들어가, 가위로 정중하게 봉투를 열었다.

넘어져도 일어나면 된다.

뭐야, 이건. 당연한 말이잖아. 순간, 예전의 나로 돌아와 있었다. 안 돼! 안 돼! 예전의 나로 돌아가선 안 돼! 잘 생각해보자. 이 말을 지금 내 상황에 적용해 보는 거야. 나는 지금 쓰러진 상태일지 몰라. 그저 버둥거리고 있을 뿐이야. 일어나려는 의지를 갖는 게 중요해. 일어나고 싶다는 강한 의지를 가져야 해.

자, 일어나서 무엇을 할지 생각해보자. 가슴 설레며 하고 싶은 일을 찾아보자. 그렇게 하면 일어나야겠다는 의지도 강해질 것이다. 무능하게만 느껴지는 내게도 할 수 있는 일은 분명히 있을 것이다. 하지만, 지금에 와서야 그런 것을 찾다니 너무 늦은 것은 아닐까.

또, 예전의 나로 되돌아가려 하고 있었다. 그 순간 자꾸만 과거에 파묻히려는 나에게 들려줄 말을 찾아냈다. 다무라가 한 말이었다. '알아차린 지금이 가장 빠르다.'

이렇게 나는 편지글을 읽으며 과거의 나와 싸우기 시작했다.

※

오늘은 오니지마를 만나 허세는 다 버리고 속내를 털어놓고 싶었다. 이의제기 사건이나 회사 안에서 겪는 인간관계의 어려움을 모두 얘기하겠다고 마음먹었다.

내 얘기를 대충 다 듣고 나서 오니지마는 부드럽게 말했다.

"토오, 넌 지금 좋은 경험을 하고 있는 거야."

"좋은 경험이라니, 난 정말 괴롭다고."

"너, 항상 그런 식으로 내 말에 토를 다는 거, 알아?"

"토를 달 생각 같은 거 안 했는데."

"원래 자신은 모르는 거야. 하지만 상대는 알 수 있지."

"와, 오니지마도 가끔 그럴듯한 말을 하는데."

"하하하! 토오, 너도 이제야 좀 솔직해지는군!"

"뭐야, 그런 잘난척하는 말투는. 허세야, 허세. 오니지마, 원래 자신은 허세 부리는지 모르는 거야. 하지만 상대는 알 수 있지."

"읍! 내가 한수 졌어."

"하하하!"

오랜만에 둘이서 크게 웃었다. 이어서 오니지마가 말했다.

"내 생각에 직장이란 실적을 올리기 위해 경쟁하는 곳이 아니라, 서로서로 돕는 곳이야. 때문에 다른 사람과 비교하거나 자기 일만 챙기면 외톨이가 돼."

"그래, 정말 난 내 실적만 생각하고 있었어. 다른 사람보다 더 높은 실적을 올리려고."

"영향력 있는 사회인이 되려면, 주변 사람들에게 필요한 존재가 되어야 해. 그러려면 다른 사람들을 도와줄 필요가 있어."

'자네는 무얼 중요하게 생각하며 일하나?' 문득, 후루야 과장이 한 질문이 떠올랐다. 후루야 과장은 오니지마가 한 말과 비슷한 이야기를 대답으로 기대했던 건 아니었을까?

"하지만, 나… 솔직히 이제 회사 사람들이랑 같이 일할 자신이 없어. 최근에 쭉 무시당하고 있거든."

"음. 그건 너무 신경 쓰지 마. 걱정한다고 해서 별로 달라질 건 없으니까. 하지만 자신이 있든 없든 가슴 설레는 미래를 상상해보는 건 할 수 있잖아? 서로 도우면서 즐겁게 일하는 직장을 만들겠다고 결심하는 것도 마음만 먹으면 할 수 있고. 그 다음엔 그런 결심을 마음에 새기고 행동하면 돼."

"역시 막힌 길을 헤쳐가려면 본인이 먼저 행동하는 것밖에 없군."

내가 그렇게 말하자, 오니지마가 갑자기 놀란 눈을 크게 뜨고 쳐다봤다.

"그래, 토오. 바로 그거야! 환경이나 상황은 상관없어. 미래는 언제든지 자기 나름의 방식대로 바꿀 수 있는 거야."

오니지마는 서로 돕는 직장을 만들기 위해 내가 곧 할 수 있는 일을 몇 가지 제안해주었다. '아침에 회사에 도착하면 현관 안내 직원이나, 경비 아저씨, 청소 아주머니에게 먼저 밝은 목소리로 크게 인사할 것. 같은 부서만이 아니라 다른 부서의 동료가 하는 일에도 관심을 가지고 도와줄 것. 자기 일이 아무리 바빠도 하루 중 5분 이상은 다른 사람을 위해 시간을 낼 것. 고객뿐만이 아니라 함께 일하고 있는 부하, 상사, 동료들에게도 매일 감사 인사를 할 것.' 나는 오니지마의 조언을 메모하면서 들었다.

"상사가 어떤 제안을 해오면 적극적으로 달려들어 기쁘게 받아들이는 것은 어떨까?"

"하긴, 지금까지는 싫은 얼굴로 억지로 했지."

"또, 별로 얘기해본 적 없는 사람에게도 말을 걸어보고 다른 부서 직원에게도 먼저 인사하는 거야."

"그래, 그러고 보니 내가 먼저 할 수 있는 일도 꽤 많아. 좋아 그럼, 이번엔 내가 먼저 변해봐야겠어. 더 이상 헤매는 건 시간 낭비야."

"하하하, 헤매고 있었으니까 새로운 결심도 할 수 있는 거잖아. 헤매지 않으려면 어느 정도 방황의 시간도 필요해. 헤매본 사람이 새롭게 결심하면 더욱 매력적으로 변하는 거 같아."

"넌 가끔 말을 너무 어렵게 해, 하하하!"

"그래? 난 지금 엄청 좋은 말을 하고 있는 거야. 하하하!"

그날 나는 집에 돌아와 우편함 앞에서 한 장의 종이를 꺼내들고, 얼어붙은 듯이 서 있었다.

시작하기 전에 결과를 정하라.

 맞다, 정말 그렇다! 나는 지금까지 하고 싶던 일을 해내지 못한 원인을 이제야 알았다. 일을 시작하기도 전에 부정적인 경우만을 마음속으로 상상했기 때문이었다. 뚜렷한 답이 나오지 않을 것 같으면 미리 겁먹고 포기해버렸다. 그런 내게 이 편지글은 큰 깨우침을 주었다. 나 자신이라는 또 하나의 벽을 넘어선 기분이었다.

인생의 시험

삼 일만에 후루야 과장을 만나러 다시 갔다. 무슨 이야기부터 해야 할지 잘 모르겠지만 우선, 제대로 대화를 나눌 수 있을 때까지 계속 찾아갈 생각이었다. 마침 현관에서 후루야 과장과 마주친 나는 당황해서 인사를 했다.

"안녕하세요, 후루야 과장님!"

후루야 과장은 나를 보더니 좀 귀찮은 표정을 지으며 쉰 목소리를 쥐어짜내듯 말했다.

"또 왔는가? 이제 됐으니 더 이상 오지 말게."

"딱 3분도 괜찮으니 과장님만 허락하시면 말씀 좀 나눌 수 있을까요?"

"자네, 원래 이렇게 집요한 사람이었나?"

"제발, 부탁드립니다."

잠시 침묵한 뒤에 후루야 과장은 질린 표정으로 이야기했다.

"자네, 이제부터 어떻게 할 텐가? 사내에서도 결국 외톨이 아닌가?"

어떻게 내 회사 생활까지 알아냈을까? 난 조금 충격을 받았다.

"네. 하지만 저, 결심했습니다. 이제부터 제가 주변 사람들을 도우려 합니다."

"오, 그래?"

갑자기 후루야 과장의 얼굴빛이 바뀌었다.

"다른 사람 일에 좀 더 관심을 가지고, 내가 도와줄 수 있는 일은 없는지 물어보고 또, 함께 일하는 사람들을 소중히……."

"잠깐, 평생 함께 할 각오는 돼 있는가?"

"네?"

"그러니까, 자네가 지금 말하는 동료들이랑 평생 함께할 각오가 됐는지 묻고 있는 걸세. 물론, 완전히 마음이 안 맞는 사람도 포함해서 말이야."

나는 곧 후배인 니시가와를 떠올렸다. 그러자 그의 말투나 행동이 생각나 울컥 화가 치밀었다. 어떻게 대답을 해야 할지 난 감한 상황이었다.

"마음이 안 맞는 사람이랑 일생 동안 함께 한단 말입니까? 이런 말씀 드리기는 좀 그렇지만 정말 마음이 안 맞는 후배가 한 명 있는데 그 녀석이랑 평생 함께 한다면, 너무 괴로울 것 같습니다."

"솔직하군. 하하하!"

후루야 과장은 크게 웃더니, 갑자기 진지한 얼굴을 했다.

"누군가를 믿어주려면 용기가 필요하지. 자네는 지금 시험당하고 있는 거야."

"제가 지금 시험당하고 있단 말씀입니까?"

"그렇지. 살면서 힘들다는 느낌이 들 땐 대부분 시험 당하고 있는 거야."

"시험 당한다니, 도대체 뭘 말입니까?"

"인간으로서 그릇의 크기를 결정하기 위한 시험이지. 그렇게 모르겠나?"

"아, 네. 사람은 주변에서 일어난 여러 가지 일로 시험당하는 거군요."

"만약, 자네가 함께 일하는 상사, 선배, 동료, 그리고 후배로부터 신뢰를 얻고 지원을 받고 격려를 받는다면 기분이 어떻겠어?"

"물론 일할 마음이 나겠지요. 사실, 전에 과장님께서 보신 프레젠테이션도 주변 사람들이 도와줘서 준비할 수 있었습니다. 그 땐 정말 기뻤습니다."

"그래? 그런 경험을 한 적이 있었군. 그렇다면 간단해. 지금부턴 자네가 그 후배를 도와주는 거야."

"네? 과연 할 수 있을까요?"

아직도 과거의 내가 불쑥불쑥 고개를 내밀고 있었다.

"할 수 있는지 없는지는 중요하지 않아. 그걸 하려고 마음부터 먹어야 해. 하지 않으려는 사람은 있어도 할 수 없는 사람은 없어. 해보기도 전에 어차피 안 될 거라 지레짐작하는 건 어리석어."

"하지만, 지금은 좀… 아! 언젠가 꼭……."

"언젠가 하겠다고 생각하면 대부분 그때가 되도 하지 않아. 정말 할 마음이 있으면 지금이 기회야."

나는 막상 행동으로 옮겨야 될 순간에 이리저리 헤매고 있는 자신을 발견했다. 과거의 내가 자꾸 얼굴을 내밀고 있었다.

"자네, 아까 결심했다고 하지 않았나?"

"네. 아마……."

"어쨌든 이젠 자네가 '어떻게 하느냐'에 달렸어."

이렇게 말하고 나서 후루야 과장은 입가에 슬쩍 미소를 띠며 사무실로 사라졌다. 나는 후루야 과장의 뒷모습을 바라보며 무언가를 결심하고 있는 사람은 '왠지 크게 보인다.' 는 생각을 했다. 회사로 돌아오는 지하철 속에서 갑자기 내 '결심' 을 시험할 높은 허들과 마주친 기분이었다. 니시가와 같은 녀석을 어떻게 믿어야 하는 건지……. 결심이 이렇게 쉽게 흔들릴 줄 몰랐다. 정말 나는 큰 시험을 당하는 기분이었다.

지금 하지 않으면 평생 할 수 없다.

그 날 밤, 새로 도착한 흰 봉투 속의 편지글을 읽은 순간, 등줄기로 식은땀이 흘렀다. 내 앞으로 온 게 분명한 편지라는 생각이 들었다. 도대체 누가 이런 편지를 계속 보내는 것일까. 내용으로 보면 내 사정을 훤히 잘 아는 사람이 분명했다. 내 마음속까지 읽고 있는 사람이라면, 아무리 생각해봐도 두 명밖에 없었다. 오니지마일까 아니면 다무라일까.

다무라는 아니라는 걸 이미 확인하지 않았던가? 그렇다면, 남은 것은 오니지마였다. 하지만 왜 이런 편지를 보내고 있는 것일까? 침대에 누워도 계속 생각이 났다. 단순히 나를 응원하기 위해 보낸 것일까? 그렇다면, 왜 자기가 보냈다고 밝히지 않은 것일까? 이렇게 정성껏 편지를 계속 보내는 이유는 무엇일까? 도대체 어떻게 이처럼 내 상황에 딱 들어맞는 의미심장한 말들을 생각해냈을까? 머릿속에서 여러 가지 의문이 맴돌았지만 조금도 정리되지 않은 채 스르르 눈이 감겼다.

다음 날 아침, 요란한 알람소리에 깨어나 늘 그렇듯이 서둘러 회사에 갔다. 그런데 출근길에 느끼는 기분은 여느 때와 사뭇 달랐다. '그래, 해보자. 그 외엔 어떤 선택의 여지도 없어.' 나는 스스로를 향해 계속 이렇게 속삭이고 있었다. 우선, 오니지마가 제안했던 일부터 해보기로 했다.

회사에 도착하자마자 현관의 안내 직원과 경비 아저씨, 청소 아주머니께 밝은 목소리로 크게 인사했다. 다른 부서의 동료에게도 먼저 말을 걸고 도와줄 일은 없는지 물었다. 또, 동료와 부하 직원 다섯 명에게 메일을 보내 업무와 관련된 정보를 주고, 의견도 제시했다. 막상 해보니 의외로 어렵지 않았다. 하지만 도저히 못할 것 같은 일이 한 가지 있었다. 그것은 니시가와에게 평생 함께 하겠다는 생각을 가지고 접근하는 일이었다.

나는 업무를 좀 서둘러서 마치고 시간을 내 후루야 과장을 찾아갔다. 외출중이지만 곧 돌아온다고 하기에, 그냥 현관에서 기다리기로 했다. 잠시 후 후루야 과장이 바쁜 걸음으로 돌아오는 게 보였다.

"또 왔나?"

그는 나를 보자, 얼굴에 미소를 띠며 말했다.

"정말 재미있는 사람이군. 오늘은 내가 너무 바쁘니까 여기서 그냥 얘기해도 괜찮겠나?"

"네, 괜찮습니다. 감사합니다."

부탁을 하지 않았는데도 먼저 시간을 내준 게 몹시 기뻤다. 후루야 과장을 만난 후 처음 있는 일이었다.

"외톨이 생활은 졸업했나?"

"아니, 아직 못했습니다. 포기하지 않고 노력 중입니다. 아, 평생 함께할 각오는 빼고."

"그래? 자네 지금, 여러 가지 일을 분명 후회하고 있을 텐데. 그 이유가 뭐라고 생각해?"

후루야 과장은 언제나 거리낌 없이 질문을 던져 나를 당황하게 만들었다.

"네. 아마 실패를 많이 해서 그렇겠죠."

"아니, 그건 실패했기 때문이 아니라 끝까지 해보지 않았기 때문일 거야. 중간에 포기한 거지."

"……"

"자, 그럼 다음에 보자고."

내가 우물쭈물 제대로 대답을 못하는 사이에 대화가 끝나버렸다. 이의제기가 생긴 이유나 내용에 대해선 미처 물어보지도 못했다. 이의제기를 해놓고 방치하는 후루야 과장의 태도가 도무지 이해가 안 됐다.

나는 멀어지는 후루야 과장의 뒷모습을 향해 큰 목소리로 인사했다.

"또 뵙겠습니다. 감사합니다."

오늘도 내 부족한 점을 보기 좋게 지적당했다. 정말 나는 무슨 일을 하든 항상 중간에서 포기하는 경향이 있었다. 이제부턴 무엇이든 포기하지 않고 끝까지 해보겠다고 마음먹었다.

이제는 환경이나 상대에 휘둘리지 않고 나의 가능성을 믿으며 할 수 있는 일은 무엇이든 포기하지 말아야지. 성급하게 결과를 기대하지 말고 할 수 있는 것부터 계속해보자.

금방 눈이라도 쏟을 것처럼 찬 공기가 회사로 가는 내 볼을 에며 스쳐 지나갔다. 사무실에 들어간 나는 가방을 내려놓고 천천히 코트를 벗어 건 뒤, 책상 위의 서류를 찾는 척했다. 단지 후배에게 말을 거는 일인데 너무 긴장됐다. 적절한 틈을 타 마음을 굳게 먹고 니시가와에게 다가갔다.

"니시가와, 좋은 아침이야."

"… 좋은 아침입니다."

니시가와는 로봇처럼 어색하게 중얼거리는 나와 시선을 마주치지 않으려고 내 어깨 주변을 바라보며 멍하니 대답했다. 그 순간 '이런 녀석에게 먼저 인사하고 괜히 말을 건 것은 아닌가?' 하는 생각이 스쳤다. 그렇긴 해도 내가 갑자기 말을 걸어오자, 니시가와도 조금 놀란 눈치였다. 잠시 말문이 막힌 나는 괜히 니시가와의 책상 위를 훑어보다가 산더미처럼 쌓인 책 속에서 눈에 띄는 책을 발견했다. 영업에 관한 책, 커뮤니케이션에 관한 책, 자동차 기술에 관한 책…….

내 자리와 니시가와의 자리는 꽤 떨어져 있었기 때문에 이렇게 많은 책을 쌓아두고 공부하는지 미처 몰랐다. 내가 무슨 말부터 꺼내야 할지 몰라 서 있었더니 니시가와가 퉁명스럽게 말했다.

"저기, 좀 비켜주시죠."

"……"

그 말투에 순간적으로 '역시, 이 녀석은…….' 하고 울컥했지만, 화내면 안 된다고 스스로를 다독이며 참았다. 그리고 아무 말 없이 내 자리로 돌아왔다.

나는 고개를 절레절레 흔들며 다무라에게 말했다.

"인간관계란 참 변하기 힘들어요."

다무라는 내가 상황을 자세히 설명해주지 않아도 늘 핵심을 찌르는 말을 했었다.

"하루아침에 변하지 않아도 일생에 걸쳐 노력하면 변하지 않을까요? 상대방이 어떤 반응을 보이든 상관없어요. 자신이 어떻게 할지를 결심하는 게 중요하니까. 상대에게 기대하기보다는 자기 자신에 초점을 맞추고 계속 노력하는 것이 중요하죠."

"나부터 변하려고 많이 노력하고는 있지만……."

"글쎄, 많이 노력하고 있다고 생각하는 동안은 아직 뭔가 부족하지 않을까요? 정말 노력하는 사람들은 늘 아직 멀었다는 식으로 얘기해요. 상대의 예상을 뛰어넘는 노력이 있을 때 그 사람도 변하거든요."

나는 니시가와가 당장 변할 것이라고 은근히 기대했던 것이다. 내가 먼저 말을 걸었다는 사실만으로도 굉장한 노력을 한 것이, 상대방도 그만큼 호의적으로 변할 것이라고 기대했다. 하지만 막상 니시가와가 여전히 퉁명스럽게 나오자 울컥 화가 났던 것이다.

'상대의 예상을 뛰어넘는 노력' 이라니. 그런 것은 생각해본 적도 없었다. 게다가 나를 그토록 싫어하는 니시가와 같은 녀석

인생의 시험 141

에게는 더더욱 그랬다.

  그날 도착한 편지에는 내가 현실적으로 공감할 수 있는 말이 쓰여 있었다.

바다를 데우려면 스스로 태양이 되어라.

  끝없이 펼쳐진 바다도 그보다 더 큰 존재인 태양과 같은 노력으로 데울 수 있다는 말인가. 신기하게도 지금 내 상황에 꼭 맞는 말 같았다. 어쩌면 스스로 처한 상황에 이 말을 연결할 수 있을 정도로 내가 변한 것인지도 모르겠다.

  나는 지금까지 받은 편지를 방바닥에 펼쳐놓고, 마음에 드는 말을 골라 의미를 되새겨 보았다. '극한의 고통 속에서 무엇을 얻을지 생각하라.' 나는 지금 정말이지 괴로운 상황에 있다. 과연 이 상황에서 얻을 수 있는 것은 무엇일까. 자신의 가치관과 삶의 방식을 돌아보고 부족한 점을 발견할 수 있는 기회가 아닐까.

  '다른 사람을 변화시키는 가장 좋은 방법은 내가 먼저 변하는 것이다.' 이 말은 왠지 쉽게 와 닿았다. 그동안은 단순히 머리로만 이해했지만 이제부터는 철저하게 가슴으로 이해하고 실천

해봐야겠다.

'지금 나를 반대하는 사람도 미래의 동료다.' 어쩌면 니시가와도 앞으로 내 동료가 될 수 있을지 모르겠다. 새로운 눈으로 보니 어느 글이나 해석만 잘 하면 모두 내게 용기를 주는 것들이었다.

'보려고 하는 대로만 보인다.' 맞다. 그동안은 내가 보고 싶은 대로만 보려 했기에 제대로 해석하지 못했던 것이 이제부터 모든 편지글을 가방에 넣어 가지고 다니며 틈틈이 새겨 읽어야겠다고 생각했다.

나는 그 날, 니시가와의 일을 뭐든 도와주어야겠다고 굳게 결심하며, 출근했다.

"니시가와… 뭐, 도울 일 없어?"

"네, 됐습니다."

니시가와의 퉁명스러운 대답에 슬며시 화가 나려 했지만, 그러지 말자고 스스로를 다독였다.

"… 자료 정리 같은 거 힘들지 않아? 좀 도와줄까?"

"됐습니다."

불쑥 다시 화가 치밀어 '그럼 마음대로 해'라고 쏘아붙이고 싶었지만, 가까스로 그 말을 삼켰다.

"그래… 언제든 부탁할 일 있으면 말해."

"갑자기 왜 그러십니까? 기분 나쁩니다."

'기분 나쁘다고? 뭐, 이런 녀석이 있어! 정말 어쩔 수 없는 인간이다!' 나는 마음속으로 니시가와를 욕했다. 그 후로도 몇 번이나 니시가와에게 말을 걸었지만, 니시가와는 조금도 변하지 않는 듯했다. 이쪽에서 아무리 노력해도 마음을 받아들이지 않는 부류가 있는 법이었다. 니시가와도 그런 인간이었다. 아무리 내가 결심하고 달려들어도 니시가와에겐 아무런 효과가 없었다. 내 노력 자체가 무의미하게 느껴졌다.

그날 저녁, 우편함에 들어 있는 편지글을 발견했지만 별로 읽고 싶지도 이해하고 싶지도 않았다.

꿈이 있으면
싫은 사람도 필요한 사람이 된다.

무슨 말을 하는 거야! 말도 안 돼. 그럴 리가 없잖아.

밤이 깊어갔지만, 낮에 니시가와 때문에 기분이 나빴던 일이 자꾸 생각 나 잠을 잘 수 없었다. 나 자신을 바꾸려는 도전은 이날도 실패한 셈이었다.

거울 효과

하늘은 어지러운 내 마음과 달리 구름 한 점 없이 푸르렀다. 차갑고 상쾌한 공기를 깊게 들이마셨더니, 마음속까지 깨끗해지는 기분이었다. 하지만 내 마음 속에는 아무리 씻어내도 지워지지 않는 더러움이 하나 있었다.

오늘도 왠지 후루야 과장을 만나고 싶어 회사로 찾아갔다. 그가 나를 싫어한다는 것은 알고 있었다. 하지만 이상하게도 난 그런 후루야 과장에게 끌렸다. 늘 그렇듯이 현관에서 기다리자 운 좋게도 곧 후루야 과장이 지나갔다.

"후루야 과장님!"

"또 자넨가. 이쪽으로 오게. 마치 자네가 이의제기한 사람 같군."

놀랍게도 후루야 과장은 나를 회의실로 안내했다.

"이왕 왔으니 차라도 한 잔 마시고 가게."

왠지 따뜻한 마음이 느껴지는 말투라 기분이 좋아졌다. 지난번 만남 때부터 그저 무섭기만하던 후루야 과장이 아주 마음이 넓은 사람이란 느낌이 들었다.

앞에서 걸어가던 후루야 과장은 내 쪽을 돌아보지도 않고 말을 걸었다.

"왜 그러는 거야, 자네? 왜 자꾸 찾아오는 거지?"

그래도 무뚝뚝한 말투는 여전했다.

"……."

내가 별다른 대답을 하지 않자, "내 팬인가?" 하고 묻더니, 혼자 낄낄 웃었다. 회의실에 들어가 의자에 앉자마자 나는 급히 물었다. 후루야 과장이 갑자기 대화를 마치고 나가버릴까 두려웠기 때문이었다.

"저, 후루야 과장님. 아무리 노력해도 변하지 않거나 바꾸기 힘든 상황이 있다고 생각하십니까?"

"없지."

"인간관계라든가, 직장 분위기라든가."

막상 질문해 놓고서도 내가 왜 후루야 과장에게 이런 것을 묻고 있나 싶었다. 아마 후루야 과장에게서 뿜어져나오는 형님다운 의젓한 분위기 때문이 아닐까.

"그거야, 자네 정열이 부족했던 거겠지."

"네?"

"정열은 옮겨 붙는 성질이 있어. 정열이란 불꽃같은 거거든. 정열의 불씨가 타오르면 주변을 밝히고 주위로 점점 퍼져 결국, 모든 현상을 바꾸어 놓지. 만약 주변이 타오르지 않고 있다면, 아직 자네 안에 있는 진정한 정열의 불꽃이 덜 타고 있다는 증거야."

"몇 번이나 진정으로 정열의 불꽃을 태워보려 했지만 아무리 노력해도 곧 꺼져 버리려고 하던걸요. 또 제 자신의 불꽃을 겨우 태워도 주변으로 옮겨 붙지 않으면……."

"그런 걱정을 하는 건 당연하겠지. 계속 노력해도 눈에 보이는 성과가 나오지 않았을 테니. 하지만 그런 과정을 즐겨봐. 어려운 일을 즐기는 게 바로 인생을 행복하게 사는 비결이야."

'어려운 일이 즐겁다.' 이 말이 뇌리를 스쳤다. 몇 번이고 되풀이해서 같은 말을 들려주며 타일러도 그것을 실행하지 못하는 나였다.

"도대체 자네는 무엇을 위해 일을 하는 건가? 자기 자신을 위해서 아닌가? 기분 좋고 마음 편하게 살아가기 위해서 아닌가?"

나는 머리를 한 대 얻어맞은 것 같은 충격을 받았다. 몇 번이나 자신을 바꾸겠다고 생각은 했지만, 그 밑바닥에는 우선 나 자신이 좋아야 한다는 생각이 깔렸었던 것을 들켰다.

그랬구나! '어려운 일이 즐겁다.' 라는 말을 잘못 이해하고 있었던 것은 아닐까? 그동안 무슨 일이든 끝까지 해내지 못하고 중간에 포기한 것은 즐겁고 편해지고 싶다는 생각 때문이었다. 하지만 즐겁고 편해지기 위해서 무얼 해야 하나 고민하지 말고, 지금 이 순간을 그냥 즐겨야 했다. '편안함을 버리고 즐겨라.' 라는 의미였던 것이다. 후루야 과장은 말을 계속 이어갔다.

"자네는 아직까지 진심이었던 적이 없어. 진심이란 결과에 상관없이 평생 계속해나갈 각오를 하는 거야. 진심을 이길 수 있는 것은 아무것도 없어."

"진심이 되기 위해 무엇이… 무엇이… 필요할까요?"

"꿈을 가져야겠지. 예를 들어 자네가 하는 일로 사회가 어떻게 변할지를 생각해 보는 거야. 또 자네가 회사에서도 주위 사람들에게 행복을 주는 것을 즐거움으로 삼는 거야. 그러면 바로 그곳에 자네가 할 일이 있다는 것을 알게 될 걸세."

"그렇군요."

후루야 과장과 이야기를 하다 보니 복잡한 머릿속이 점점 맑

아졌다. 이때, 예전에 다무라에게 들었던 비슷한 말이 생각났다. '괴로워 보이는 일을 즐겁게 하는 사람들도 많아요. 그런 사람들은 모두 앞을 내다보며 살지요. 가슴 설레는 미래를 향해 노력하는 거예요. 또, 그것을 즐기면 더욱 좋고요.' 그때는 한 귀로 듣고 한 귀로 흘려버린 말이었다. 나 자신을 바꿀 수 있는 중요한 말이라 스스로 깨달으려 노력하지 않으면 의미가 없다는 것을 그제야 알았다.

"할 일이 있다는 것을 알았으면 달려가야 해. 아무리 어려운 환경이라 해도 또, 주위 사람들이 내 마음을 몰라준다 해도 말이야."

"네."

머리로는 이해는 되지만 마음 깊이 받아들이기 어려운 부분이 여전히 남아 있는 충고였다.

"하지만, 도저히 다루기 힘든 상대도 있습니다. 감정적으로 도무지 받아들이기 어렵다든가……."

"그게 바로 상대방에게 배우려 하지 않는다는 증거야. 스스로 성장할 수 있는 기회를 차단하는 거지."

"네?"

"꿈을 가지고 자기가 할 일을 찾았다고 해서 일일 술술 풀리지는 않거든. 그렇기는커녕 하는 일마다 생각대로 안 된다는 기분이 들 수도 있어. 하지만 그게 다 성장하기 위한 밑거름이야."

"진작 그런 식으로 생각했더라면 좋았을 걸 그랬습니다."

"성장하겠다고 마음먹으면 어떤 상대로부터도 배울 게 있는 법이야. 상대를 자신의 생각대로만 조종하려 들면 피곤한 사람으로 변해. 날 힘들게 하는 사람을 만난 걸 내가 성장할 최고의 기회라고 생각하게."

갑자기 어제 읽은 편지글의 의미를 알 것 같은 기분이 들었다. '꿈이 있으면 싫은 사람도 필요한 사람이 된다.' 싫은 사람도 내가 그 사람에게 무언가를 배워 성장할 때 필요한 존재가 될 수 있다. 결국 꿈이 있으면 인간관계까지도 변할 수 있었다. 후루야 과장은 히죽히죽 웃던 얼굴에 웃음이 사라졌다.

"자넨, 지금까지 주변 사람들의 의견을 부정하면서 무슨 일이든 중간에 포기하는 자신을 정당화했지? 어차피 그런 일은 별로 중요하지 않다고 하면서 자신의 나약함을 달랬겠지. 그래 가지고선 아무것도 변하지 않아."

"네."

"자네, 내면 어딘가에 자신의 나약함을 당연시 여기는 마음이 뿌리 깊게 자리하고 있을 거야."

"정말 그런 것 같습니다."

바로 그 순간 '시작하기 전에 결과를 정하라.' 라는 말이 떠올랐다. 그래, 결과부터 정해놓고 시작했어야 했는데…? 머릿속이 갑작스런 깨달음들로 가득 찼다.

"무슨 일이든 결과를 정해 놓고 달려드는 자세가 필요하겠군요."

"맞아. 바로 그걸세."

"아직 머리로만 이해하고 있습니다. 실천하려 해도 제 자신을 이기기가 어렵습니다."

"사람이란 말이야, 의지만 있으면 얼마든 강해질 수 있어. 언제나, 누구나, 그렇게 할 수 있어."

"저, 하나만 더 여쭤 봐도 되겠습니까?"

나는 머릿속에 복잡하게 엉켜 있던 생각의 실타래들을 모두 풀어내고 싶었다.

"뭐지? 오늘은 인생 강의라도 하는 기분이군. 허허."

이제 무슨 말을 들어도 괜찮았다. 기분 나쁘지도 않았다. 지금까지는 보이지 않았던, 나 자신의 삶의 방식이 눈에 들어오기 시작했다.

"자기답다는 게 뭔지 잘 모르겠습니다."

"자기답다는 거? 내 생각엔 자신이 중요하게 생각하는 것을 소중히 여기면서 사는 거라네. 자네가 소중히 여기고 싶은 건 뭔가?"

"제가 소중히 여기고 싶은 건… 역시 웃는 얼굴입니다."

"그럼, 매일 웃는 얼굴로 일을 하게. 그게 바로 자네다운 거야."

"그, 그런 걸로 가능할까요?"

"의심하는 건가? 이런 것, 저런 것 따질 것 없네. 그게 소중히 여기고 싶은 거라면 그걸로 되지 않겠나?"

"네."

"아무튼 자신에게 중요한 것을 소중히 할 때 누가 봐도 자네는 빛나 보일 걸세."

"그렇군요."

머릿속에 또 하나의 편지글이 떠올랐다. '어떤 일이든 자기답게 하면 꿈이 된다.' 어떤 일이든 끝까지 진심이면 자기답게 저절로 빛이 난다는 의미가 한순간에 깨달아졌다. 후루야 과장의 확신에 찬 조언이 내 마음을 크게 움직였다.

"지금까지 자네는 중간에 포기한 일들이 많았을 거야. 어차피 다른 사람들의 반응이야 반신반의하며 예측한 것 아니었나. 그들의 반응이 어떠하든, 자네 인생은 오직 자네만의 것이네. 누구도 자네 인생을 좌지우지할 수 없지."

"정말, 그렇군요."

"자네, 일을 하면서 다른 사람을 기쁘게 해주고 고맙다는 말을 듣고 싶지? 또, 다른 사람들과 매일 즐겁게 잘 지내고 싶지?

자신의 가능성을 믿으며 주변 사람들을 소중히 하면서 살고 싶기도 할 테고. 그렇다면 솔직하게 자기가 원하는 대로 해보게. 다른 사람이나 환경에 기대할 필요가 없지. 자네는 자네답게 살면 그뿐이야! 틀렸나?"

나는 후루야 과장의 진심어린 말에 감동받았다. 자신이 바라는 삶의 방식을 잊고 주위에 뭔가를 기대하다가 일이 잘 풀리지 않으면 허둥거리기만 했던 나 자신이 한심스러웠다. 또 모든 일을 다른 사람 탓으로 돌리며 변명만 했던 일도 가슴 깊이 후회했다. 진심으로 나를 격려해준 후루야 과장에게 뼛속 깊이 감사를 느꼈다.

"토오, 내가 자네를 응원할 거야."

나는 후루야 과장의 갑작스런 말이 이해가 안 됐다.

"왜, 왜 그러시는 겁니까?"

"자네가 포기하지 않고 이렇게 나를 계속 찾아오는 것을 보고 감동했네. 껄껄껄."

감사하다는 말을 하고 싶었다. 하지만 목이 메어 입을 열지 못하고 붉어지는 눈시울을 감추려 고개를 숙였다. 후루야 과장은 그런 내 모습에 아랑곳하지 않고, "자, 그럼 가보게." 하고는 방을 나가버렸다. 혼자 남겨진 나는 잠시 눈물을 닦으며, 머릿속을 정리했다.

'제멋대로 하자는 생각이 자신을 괴롭게 만듦.', '사고방식만 바꾸어도 인생이 변함.', '모든 것에는 의미가 있음.' 나는 정말 뼈저리게 느꼈다. 내 인생을 바꿀 수 있는 사람은 나밖에 없다는 것을.

❧

 지난 번 만났을 때 '변하겠다.'고 결심하던 내가 궁금했는지 오니지마가 함께 밥을 먹자고 했다. 나는 조금이라도 궁금한 것을 모두 오니지마에게 물어보고 '어떻게 해서든 복잡한 머릿속을 정리해야겠다.'고 생각했다.
 오니지마가 자리에 앉자마자 나는 요즘 회사 생활에 대해 이야기를 꺼냈다. 한참 동안 말없이 듣던 오니지마가 입을 열었다.
 "이제 아무것도 생각하지 말고 일을 즐겨봐."
 "그렇게 간단히 말하지 마. 알면서."
 "생각해보니 부하들도 즐겁게 일하는 상사 밑에서 근무하고 싶을 거야. 그러니까 내가 먼저 일을 즐기면서 부하들한테 모범을 보여야 되는 거야. 주변 사람들이 놀랄 정도로 내가 먼저 본보기가 되는 거지."
 "음. 그건 알겠지만 그렇게 하면 부하들은 얼씨구나 하고 놀려고 들지 않을까? 일은 전부 상사에게 맡기고 말이야."

나는 대답을 뻔히 알면서도 짓궂은 질문을 던졌다.

"부하가 그렇게 나오는 건, 다 상사인 내가 먼저 편하게 지내려 하거나 가능하면 노력하지 않고 상황을 바꾸려고 하기 때문이 아닐까? 부하가 일을 대충 할 때에는 상사인 내가 먼저 편하게 넘어가려는 생각을 하고 있기 때문에 그런 거라고 봐."

"그래? 행동만이 아니라 기분조차도 모범을 보여야 한다 이거지? 일종의 '거울 효과'군. 내가 먼저 편하게 넘어가자고 생각하면 상대방도 대충 넘어간다 이거지?"

"맞아. 기분도 행동을 통해 전해지거든. 부하는 단순히 상사의 행동을 모방하는 게 아니라 행동을 통해 전해지는 기분에 공감해서 움직이기 시작하거든."

"내가 상대방에게 뭔가 배우기를 거부한다면 상대방도 나한테 배우기를 싫어한다 이거군."

이때, 또 흰 봉투 속의 편지글이 떠올랐다. '다른 사람을 변화시키는 가장 좋은 방법은 내가 먼저 변하는 것이다.' 문득, 흰 봉투에 대해 오니지마를 떠보고 싶은 생각이 들었다. 오니지마의 얼굴을 잘 관찰하면서 편지글을 인용해보기로 했다.

"다른 사람을 변화시키는 가장 좋은 방법은 자신이 변하는 것이라는 사실, 이제 잘 알겠어."

나는 오니지마의 표정 변화를 넌지시 살폈다.

"야, 너도 제법 쓸모 있는 말을 하는구나!"

오니지마가 눈을 동그랗게 뜨고 기쁜 표정을 지었다. 나한테 뭔가 숨기고 있는 것 같은 어색함은 어디에도 없었다. 나는 덤덤하게 이야기를 계속하기로 했다.

"오니지마, 요즘 네가 하는 말들이 내 가슴에 팍팍 와 닿아."

"그래? 그건 좀 시시한데. 내가 나설 일이 없어졌잖아. 하하하!"

"이젠 그렇지. 하하하!"

나는 한 번 더 오니지마에게 은근슬쩍 말을 돌려 물어보았다.

"오니지마. 혹시 우리 집 쪽으로 올 일 가끔씩 있어?"

"내가? 무슨 일로?"

흰 봉투에 대해서는 정말 아무것도 모르는 표정으로 오니지마가 되물었다. 분위기로 봐서는 흰 봉투의 편지는 오니지마가 보낸 것이 아닌 듯했다.

"아, 아니야."

"왜, 무슨 일 있어?"

"아니야. 그나저나 우리 언제 또 미팅 한 번 같이 해야지. 물 좋은 애들이랑."

나는 괜히 딴청을 부리며 화제를 돌렸다.

"야, 넌 아직도 그런 게 좋냐? 이젠 진지하고 점잖게 연애 할 나이도 됐잖아."

"으음, 그런가."

오니지마와 헤어지고 돌아오는 길에 우편함을 열었더니 역시 흰 봉투가 있었다. 봉투 속에 들어 있던 말은 아주 짧았지만 그 의미는 어려웠다.

결심하면 저절로 된다.

저절로 된다? 어떤 식으로 된다는 말인가? 현재 내 삶과 동떨어진 다른 차원의 얘기였다. 그러고 보니 흰 봉투가 하나 더 있었다. 그 속에 들어 있는 말이 더 와 닿았다.

결심은 하루를 새롭게 한다.

조금 전에 읽은 편지와는 달리 이번 것은 희망을 던져주고 있었다. 그래, 결심은 하루하루를 새롭게 하는 거야. 다시 한 번

나답게 니시가와에게 다가가 보자. 관계를 회복하기 위해 할 수 있는 것들을 해보자. 어쩌면 또 실망할지 몰라도 다시 해보자고 결심했다. 결심은 매일 해도 좋은 것이니까.

※

다음 날, 나는 니시가와에게 말을 걸었다.
"좋은 아침이야."
"네, 좋은 아침입니다."
이젠 니시가와에게 말을 거는 일이 별로 어색하지 않았다.
"저, 니시가와. 자네 책 좋아하지? 이거 읽기 어렵지도 않고 괜찮은 책인데 보고 싶으면 빌려 줄게."
내가 준비한 책을 내밀자, 니시가와는 눈을 크게 뜨고 조금 어리둥절한 표정을 지었다.
"아니, 괜찮습니다. 고, 고맙습니다."
"좋으면서, 괜히 사양하지 마."
내가 책을 내밀자 니시가와는 작은 목소리로 어렵게 말을 꺼냈다.
"사실, 저 책이라면, 딱 질색입니다."
"어? 책상 위에 이렇게 많은 책이 쌓여 있는데……."

"그건 제가 일을 못하기 때문입니다. 그래서 참고 좀 할까 해서……."

"……."

나는 뭐라고 대꾸해야 할지 몰라 잠시 할 말을 잃었다. 너무나 뜻밖의 말을 들었기 때문이었다.

니시가와의 책상에는 대학원생의 연구 자료처럼 많은 책이 수북이 쌓여 있었다. 아마 니시가와는 나보다 더 오랫동안 일에 대해 고민하며 노력하고 있었던 것인지도 모르겠다. 다만 좀 서툴렀던 것뿐이었다. 그동안 내가 그런 서툰 모습만 보고 니시가와의 진심을 전혀 몰라주었던 것이다. 니시가와의 사고방식이나 성격을 나 편한 대로만 생각하고 있었다. 니시가와도 나름대로 노력하고 있었는데 그 사실을 전혀 눈치채지 못했던 나 자신이 부끄러웠다. 내 마음의 벽이 스르르 무너지는 느낌이었다.

"니시가와. 나처럼 부족한 사람이랑 같이 일해줘서 정말 고마워. 그동안 미안했어. 사실, 처음에 자네와 한 팀이 됐을 때……."

"뭐 이런 건방진 놈이 있나 하고 생각하셨죠? 맞아요. 선배 생각대로, 저 성격도 어둡고 다른 사람들에게 제 생각을 전달하는 능력도 떨어져요. 일이 재미없는 건 아니지만, 도대체가 저한테는 안 맞는 거 같아요."

니시가와는 언제나 그렇듯이 담담하게 얘기하는데 내가 받는 느낌은 사뭇 달랐다.

"그래도 자네는……."

"모처럼 여러 기회를 주셨으니까 제가 할 수 있는 일은 해보려고 했지만… 할 수 없는 일뿐이라서……."

그랬다. 니시가와도 나처럼 고민하고 있었던 것이다. 그 아픔이 고스란히 전해졌다.

"그래도 자네는 책을 읽으며 고객에 대한 조사도 확실히 하잖아. 그것만으로도 충분히 도움을 주고 있어. 자네처럼 성실하게만 한다면 일이 맞고 안 맞고를 떠나 꼭 좋은 성과를 거둘 거야."

나는 어느새 마음으로부터 니시가와를 있는 그대로 받아들이고 있었다. 그러자 니시가와의 얼굴에 희미한 미소가 번졌다. 처음으로 니시가와랑 같은 순간에 같은 생각을 공유한다는 기분이 들었다. 그동안 무겁고 괴롭기만 했던 마음이 한결 가벼워지는 듯했다.

니시가와도 나처럼 괴로워하고 있었던 것이다. 나보다 나이는 어렸지만 처음으로 니시가와가 나와 같은 생각을 가진 동료라는 기분이 들었다. 그는 책을 찾아 읽는다거나 사전에 자료를 작성한다거나 하면서 어떻게든 앞으로 나아가보려고 노력하고 있었다. 그렇다면, 나도 무언가 더 할 수 있지 않을까? 지금도 늦지 않았다. 니시가와나 다른 후배에 본을 보일 수 있는 행동을 해보자. 니시가와가 얼굴을 들어 나를 바라봤다. 처음으로 눈을 마주친 기분이 들어 잠깐 다리가 휘청거렸다. 애써 아무렇지도 않은 척했다. 그때 니시가와가 믿기 어려운 말을 했다.

"사실, 선배가 포기하지 않고 홋코 자동차에 계속 가는 것을 보고 정말 대단하다고 생각했어요. 저도 더 열심히 해야겠다는 생각도 들었고요."

나는 숨이 멎는 기분이었다. 내 안에서 뜨거운 무언가가 솟구쳐 올랐다. 쑥스럽기도 한데다가 갑자기 밀려든 감동 때문에 머릿속이 엉망이 되어 나도 모르게 한 마디 했다.

"무, 무슨 말이야. 바보처럼!"

나는 왈칵 솟구치는 감동에 눈물이라도 흘릴까봐 그 자리를 벗어나 화장실로 뛰어갔다.

진심

흰 봉투의 편지는 변함없이 계속 왔다. 요즈음 들어, 그 속도가 빨라진 기분이 들었다.

눈에 보이지 않는 것을 소중히 여겨라.

눈에 보이지 않는 것이라… 자신의 생각이나 다른 사람과의 관계를 말하는 것이 아닐까? 오늘 편지도 나름대로 이해할 수 있는 내용이었다. 기분 탓인지 몰라도 직장 분위기가 차츰차츰 변하는 듯했다. 확실히 일을 하는 내 태도도 적극적으로 변하고 있었다. 예전처럼 출근하는 일이 괴롭지만은 않았고 나 자신을 시험해보자는 생각까지 들기 시작했다.

"토오 씨! 요즈음 좋은 일 있어요? 즐거워 보여요!"

"네. 매일 좋은 일이 있답니다."

다무라는 놀란 얼굴을 하고 나를 바라봤다. 마치 내 마음을 읽기라도 한 것처럼 말했다.

"현실로부터 도망가지 않고 문제에 정면으로 맞서기 시작했나 봐요? 이제 문제의 본질이 보이죠? 적극적인 의지만 있으면 어떤 상황에서든 길이 열릴 거예요. 지금 토오 씬 예전이랑 좀 다른 것 같아요. 강인함이 느껴진다고나 할까."

"모두 다무라 씨 덕이에요. 또 고객인 홋코 자동차의 후루야 과장님 덕분이기도 하고요. 이제부터는 어떤 상황에 처한다 해도 그곳에서 최선을 다하기로 결심했어요."

"뭔가 혼란스러움이 사라진 거 같아요. 보기 좋아요!"

"하하하!"

나는 다무라와 마주보며 거리낌 없이 웃었다.

"다무라 씨. 변함없이 늘 응원해줘서 정말 고마워요. 몇 번이나 날 도와줬는데 뭐라고 고맙단 인사를 해야 할지……."

내가 정중하게 고맙다는 인사를 하자, 다무라가 미소를 띠며 말했다.

"토오 씨가 어려울 때 도전했던 모습이 다른 사람들에게 용기를 주었다는 거 알아요? 나도 토오 씨를 보고 힘을 얻었어요. 감사해야 할 사람은 오히려 나예요."

"글쎄, 어려움에 제대로 도전해 본 적 없어요. 다무라 씨는 정말 사고방식도 바르고, 기도 세고, 일도 잘하는 최고의 동료예요."

"기가 세단 말까지는 안 해도 좋아요."

"아, 미안해요. 하하하!"

※

"야, 오니지마! 축하해!"

"고마워!"

그날 밤, 나는 조촐하게 오니지마의 승진을 축하하러 그를 만났다.

"오니지마, 이제 계장님이라 불러야겠어. 순조롭게 출세 길에 들어섰어."

"출세는 무슨. 우리 회산 워낙 사원이 많아서 출세하기 쉽지 않아."

오니지마가 쑥스러워하면서 말을 이었다.

"게다가 출세한다는 것은 지위가 올라가는 만큼 감당해야 할 책임도 커진다는 의미잖아. 해결해야 할 문제가 그만큼 많아지는 것이기도 하고."

"나도, 최근에 그런 생각을 하고 있어. 출세하는 만큼, 해결해야 할 문제들도 그만큼 많아지는 거 같아. 윗사람은 포기하지 않고 문제 해결에 도전하는 부하들에게 모습을 보여줘 용기를 주는 존재가 아닐까?"

"너도 요즘은 일을 재미있어 하는 것 같아. 네 그런 모습을 보니 나도 기쁘다."

"이게 다 네 덕분이야. 내가 나 자신을 못 믿고 헤맬 때마다 네가 고민을 다 들어주고 지지해줬잖아. 정말 고마워."

내가 조용하고 차분하게 말하자, 오니지마가 웃었다.

"아니야. 나 말이야, 사실 요즈음 너한테 하고 싶은 말이 있었어. 오늘은 미루지 말고 꼭 해야 되겠다. 나 두 달 후에 결혼해."

"뭐, 뭐라고? 정말이야? 이게 무슨 소린지, 빨리 자세히 얘기해봐."

나는 흥분한 나머지 큰 소리로 물었다. 하지만 오니지마는 일부러 눈을 가늘게 뜨며 목소리를 낮추어 얘기했다.

"요즈음 우리 만나면 넌 항상 자기 얘기만 하느라 바빴던 거

알지?"

"아, 그랬었나? 미안, 미안."

"사실은 말이야, 우리가 결혼하게 된 것도 다 네 덕분이야."

"뭐야, 어떻게 된 일이야? 도대체 무슨 말인지 모르겠는데."

"네가 있는 것만으로도 행복해지는 사람들이 있다는 말이지."

"도대체 무슨 말인지. 요즈음 너 가끔씩 알 수 없는 말 하는 거 알아?"

"자, 다음 번 만날 때엔 모든 걸 알게 될 테니 일단은 건배!"

"결혼을 위해 건배!"

"하하하!"

우리는 또 예전처럼 크게 웃으며 시간을 보냈다. 그 날은 주로 서로 칭찬하다가 헤어졌다. 오니지마는 다음에 결혼 상대를 소개해주겠다고 했다.

집에 돌아오자, 우편함에 흰 봉투가 들어 있었다. 오늘은 어떤 말이 쓰여 있을까? 가능하면 내가 처한 상황에 적용하며 받아들이겠다는 마음으로 봉투를 열었다.

포기하지 않은 인생이 성공을 부른다.

마지막으로 후루야 과장을 만났을 때 들은 말이 기억났다. '포기하지 않는다.'는 것은 계속 믿어준다는 것이다. 난 이제부터 미래를 계속 믿어보고 싶어졌다. 자신의 일, 상사, 부하, 동료, 그리고 나의 가능성과 내 인생을. 내일도 또 후루야 과장을 만나러 가야겠다고 생각했다.

알람시계가 울리기 직전에 나는 기분 좋게 눈을 떴다.
"오늘도 모두가 웃는 얼굴을 하도록 만들기 위해 눈을 떴다."
나도 모르게 혼자 중얼거리고 있어 깜짝 놀랐다. 스스로 이런 말을 한다는 것이 기쁘기도 했다. '사람은 변할 수 있구나!' 하는 생각이 스쳐갔다.
집에서 나오면서 우편함을 열어보았다. 역시 흰 봉투가 있었고, 봉투 속의 편지글을 곧 이해했다.

중요한 것일수록 가까이 있다.

중요한 것들을 진심을 다해 소중하게 여기자고 생각했다. 오늘 하루의 일, 지금 내 눈 앞에 있는 고객, 직장에서 만나는 선배와 후배, 외 늘 당연시하던 것들에게도 감사해야겠다. 갑자기 인생이 감동으로 넘쳐나는 기분이었다.

그건 그렇고, 누가 도대체 이런 편지를 계속 보내는 것일까? 아무리 생각해도 오니지마 외에는 짚이는 데가 없었다. 하지만 한 번 더 물어본다 해도 또 모른 척할 것이 틀림없었다. 아니면, 이렇게 몰래 몰래 편지를 놓고 가는 일도 그만둘지 모르겠다. 어떻게 하면 고백을 받아낼 수 있을까? 이렇게 계속 편지를 보내는 이유가 뭘까?

회사에 도착하자, 내 건너편에 앉아 있는 동료가 컴퓨터 화면을 들여다보며 소리를 질렀다.

"야아, 토오! 희소식이야. 하토리 부장이 오사카 본사로 발령났어. 다음 주 월요일부턴 이쪽으로 출근 안 해. 드디어 괴물이 사라진다고."

"정말이야? 틀림없지?"

"부장이 아직 말을 안 했나 본데, 사내 메일에 그렇다고 나와 있어 확인해봐. 저기 부장 책상 좀 봐. 개인 물건이 거의 없어."

나는 메일을 확인하기 위해 컴퓨터를 켰다. 컴퓨터가 켜지기를 기다리면서 하토리 부장의 책상을 보았더니, 그 위에 단 한 장의 서류도 없었다.

"오늘 출근은 하는 거야?"

"글쎄, 모르겠는데. 어쨌든 인사는 하러 오겠지. 어쨌든 토오! 좋지 않아?"

"그야 뭐, 나만 좋겠어?"

부서의 거의 모든 직원이 '괴물이 사라지는 것을 기뻐하겠다.'는 생각이 들었다. 하지만 나는 막상 부장이 사라진다고 생각하니 별로 기쁘지 않았다. 아주 오래 전부터 제발 하토리 부장이 직속 상사가 아니었으면 좋겠다는 생각을 했는데, 왜 기쁘지 않은 것일까? 내가 이만큼 변할 수 있는 계기를 만들어준 사람이 바로 '하토리 부장이 아닌가?' 하는 생각 때문이었다.

옆자리에 앉은 다무라도 오늘따라 왠지 시무룩한 표정을 짓고 있었다. 그날, 후루야 과장을 만나러 갔더니 출장을 가서 일주일 동안은 사무실에 나오지 않는다고 했다. 그 길로 집에 돌아가 은근히 기대하는 마음으로 우편함을 열어보았다. 하지만 흰 봉투에 담긴 편지는 없었다.

다음 날도, 그 다음 날도, 또 그 다음 날도……. 마침내 편지는 더 이상 오지 않았다.

※

날씨가 점점 따뜻해지더니 매화나무의 꽃봉오리가 짙게 물들기 시작했다. 일기예보는 봄이 성큼 다가왔다고 전해주었다.

"후루야 과장님, 안녕하십니까? 오랜만입니다."

"아이쿠! 또 나타났네."

후루야 과장은 그렇게 말하고 몸을 돌려 나를 바라보며 무서워 떠는 시늉을 했다.

"뭐, 그렇게 도깨비 취급하지 마십시오."

"하하하!"

후루야 과장은 늘 가던 대기실로 나를 안내했다.

"왠지 좋아 보이는데?"

"네. 후루야 과장님 덕분입니다. 그동안 중요한 가르침을 많이 받았습니다. 정말 감사했습니다."

"자네는 왜 날 계속 찾아오는 거지? 계약에 대한 이야기는 하려고 하지도 않고. 그건 어떻게 되든 상관없다는 말인가?"

"처음엔 어떻게든 계약 얘기를 하려고 억지로 찾아왔습니다. 하지만 날이 갈수록 계약이 문제가 아니라 제 자신의 문제부터 해결해야겠다는 생각이 들었습니다. 계약이 이렇다 저렇다 말하기보다는 당장 '내가 할 수 있는 일부터 계속 해보자.'라는 생각이 들었습니다. 결국 일하는 자세가 무엇보다 중요하다는 것을 깨달았습니다."

"흐음."

"게다가 과장님께서 이제껏 한 번도 해본 적 없는 생각을 던져주시니 흥미가 생기기도 했습니다. 만날 때마다 해주신 말씀이 많은 것을 깨닫게 했고 힘이 나게 했습니다."

"자네가 인생을 걸고 하는 일은 뭔가?"

역시! 이번에도 갑자기 이야기의 흐름을 바꾸었다.

"네, 남이 알아주지 않더라도 혼자서 많은 사람들을 즐겁게, 웃으면서 살도록 돕는 일에 제 인생을 걸고 싶습니다."

"자네, 기억하나? 전에는 같은 질문에도 대답하지 못했던 것을."

후루야 과장은 내 대답을 들은 뒤에 기쁜 듯이 웃었다.

"자네도 이제는 알아차렸을지 모르겠지만 세상에 무의미한 일은 없네. 마찬가지로, 누구에게나 그 사람만의 매력이 있고 그것을 발휘함으로써 사회에 도움을 주는 거지."

오늘은 후루야 과장의 이야기를 모두 솔직하게 받아들일 수가 있었다.

"네. 지금까지 일은 적성에 맞느냐가 가장 중요하다고 생각했습니다. 또, 소수의 사람들만 일을 하면서 꿈을 실현할 수 있다고 믿었습니다. 지금은 어떤 일이든 자기답게 하면 꿈을 이룰 수 있다고 믿습니다."

후루야 과장은 변함없는 쉰 목소리로 내 말에 대꾸했다.

"일류란, 한 길을 끝까지 계속 가는 사람들이야. 그러니까 한 군데서 계속 머물려 하지 않고 계속 앞으로 나아가는 사람들이지. 성공하든 실패하든 상관없어. 오직 어제의 나를 넘어서도록 도전하는 게 중요하니까. 토오 씨도 일류 비즈니스맨이 되고 싶으면 그런 자세로 일해야 할 거야."

"네, 감사합니다."

"그리고 또 하나, 사람은 언제나 다른 사람들의 도움을 받으며 산다는 것을 명심해야 해. 토오 주위에도 정말 고마운 동료들이 있을 거야. 특히 자네 상사인 하토리 부장님은 정말 훌륭하신 분이야."

"네?"

갑자기 하토리 부장 얘기가 나오자, 나는 영문을 몰라 조금 당황했다.

"그런데 이상하다고 생각하지 않았어?"

"네? 뭐가 말입니까?"

"자네와 계약 체결에 대해 얘기하던 담당자가 아니라, 내가 전화를 걸어 이의제기를 하고 그 후에도 계속 나 혼자 대응해온 것 말이야."

그러고 보니 좀 이상했다. 이의제기가 들어온 후, 담당자를 한 번도 만나지 못했다. 도대체 어떻게 된 일일까? 내가 멍하니

있자 후루야 과장이 부드럽게 말했다.

"토오 씨 안심해. 계약을 재검토하지는 않을 테니까."

"감, 감사합니다. 그, 그런데 어떻게……."

"음, 모든 게 자네를 위한 거였어. 처음에 이의제기를 했던 이유는 그때 내가 자네 태도가 못마땅해서였네."

"어, 어떤 것 말씀입니까?"

나는 싱글싱글 즐거운 표정을 짓고 있는 후루야 과장의 말이 좀처럼 이해되지 않았다.

"그때 뭐 이런 일로 그렇게 화를 내나 싶었지? 사회생활을 하다 보면 잘못한 것도 없이 비난 받을 때도 많아. 아무리 힘든 상황에서도 자기 행동을 결정하는 건 결국 자기 자신이야. 그때 어떻게 행동하느냐에 따라 신뢰 관계로 이어질 수 도 있고 고객이나 동료를 잃어버릴 수도 있지. 나나 하토리 부장이나 자네가 성장하리라 믿었기 때문에……."

"하토리 부장님이라고 하셨나요?"

"혹시 오래 전에 나왔던 '자도비'라는 차 알고 있나?"

"물론입니다. 아주 멋진 차죠. 언젠가 한 번 꼭 타보고 싶었습니다."

"그거 나랑 하토리 부장이 젊음을 바쳐 만든 차야. 우린 서로 도우면서 어려운 고비를 넘긴 최고의 파트너였지."

'아, 그랬구나. 두 사람이 아주 끈끈한 우정으로 이어진 사이였구나.' 그런데 그게 지금 이 상황에서 왜 중요한지 알 수 없었다. 후루야 과장은 그 후 하토리 부장과 함께 일하던 시절 이야기를 계속했다. 내게는 그저 지루한 추억담으로밖에 들리지 않았다.

"그런데, 후루야 과장님. 이번 이의제기랑 그 이야기랑 무슨 관련이라도 있는지요?"

"아, 그건…… 둘도 없는 친구인 하토리 부장이 자네의 성장을 진심으로 바란다기에 내가 나서기로 한 거야. 자네의 수업 상대를 해주기로 한 거지."

"수업이라니요?"

"처음엔 단순히 한두 번 만나서 이야기나 해주려고 생각했어. 그래서 만날 이유를 만들려고 이의제기가 생긴 척한 거야. 하토리 부장이 날 도와서 연기 좀 해준 거고."

"아, 그럼 그때 부장님이 전화로 사과하던 것도 다 연기였단 말씀입니까?"

"어, 그런데 너무 실감나게 연기하는 바람에 오히려 내가 더 놀랐어. 그만큼 하토리 부장이 자네가 성장하길 바라고 있다는 증거겠지. 또, 나도 진심으로 자네에게 무언가 가르쳐야겠다는 오기가 생기더군. 그런 상황인데 처음 만난 날 자네가 모든 걸

남의 탓으로 돌리는 걸 보니 어찌나 화가 나던지, '정말 계약을 깨버릴까?' 하는 마음이 생겨서 하토리 부장에게 전활 했더니, 모든 걸 내 판단에 맡긴다고 하더군."

"그렇게까지……."

"나도 하토리 부장이 계약까지 깰 각오로 자네의 성장을 원한다는 걸 알고 더 열심히 해야겠다는 생각이 들었지."

"전, 그런 줄도 모르고……."

"어쨌든 처음엔 크게 실망했지만, 그 후 자네가 하는 행동을 보고 감동했네. 자네, 정말 지금까지 열심히 자신의 한계를 넘어왔다는 생각 안 드나?"

하토리 부장과 후루야 과장의 마음이 절절하게 느껴지자 눈가가 촉촉해졌다. 나는 눈을 내리깔고 손수건으로 슬며시 눈물을 훔쳤다. 상사와 고객까지 나의 성장을 진심으로 원한다는 사실과 내가 어떤 상황에 처하더라도 그 가능성을 믿어주었다는 사실이 말로 표현할 수 없을 정도로 기뻤다. 한편으론, 잘 알지도 못하면서 상황을 제멋대로 해석하고 다른 사람을 비판하기만 했던 나 자신이 한심하기도 하고 후회스럽기도 했다.

마지막 편지

　나는 흰 봉투의 편지를 보내는 사람을 어떻게든 찾아내고 싶었다. 우체국 소인이라도 찍혀 있으면 어디서 보냈는지 대충 짐작이라도 할 텐데 그것조차도 없었다. 누군지 직접 우편함에 편지를 집어넣고 있었다.
　그 순간 좋은 아이디어가 떠올랐다. 내가 세든 원룸 건물의 주인은 은퇴한 노인으로, 아침마다 건물 주변을 청소했다. 그러면, 누군가 내 우편함에 편지를 넣는 것을 본 적이 있을지도 몰랐다. 나는 다음날 아침 집주인에게 슬쩍 물어봐야겠다고 생각했다. 만약 오니지마가 그랬다면 대충만 설명해도 금방 알 수 있을 것이다.

다음 날은 토요일 아침이었다. 휴일이었지만 아침 일찍 일어나 건물 주변을 청소하고 있는 집주인을 찾아갔다.

"안녕하십니까?"

"아, 안녕하쇼? 일찍 일어나셨네."

집주인은 조금 놀라면서 나를 쳐다보았다.

"저, 한 가지 여쭤보고 싶은 게 있는데요. 혹시 이 건물에 살지 않으면서 자주 드나드는 사람 본 적 있으세요?"

집주인은 대답 대신에 영문을 모르겠다는 표정을 지었다.

"그러니까 제 우편함에 무언가 넣어두고 가는 사람을 본 적이 있으신가 해서요. 집배원 말고요."

내가 다시 묻자, 집주인은 그제야 무슨 말인지 알겠다는 듯이 미소 지었다.

"아, 그거 말이요. 드디어 때가 되었나 보네."

"네?"

"거, 우편함에 들어 있는 흰 봉투들 말하는 거요?"

"예. 누가 그걸······."

"그 흰 봉투, 내가 넣어 둔 거요."

"정, 정말입니까?"

세상에, 그 편지를 보낸 사람이 집주인이란 말인가!

후루야 과장의 폭탄 발언에 이어, 또 한 번 상상도 못한 일이 벌어졌다. 머릿속이 새하얘졌다.

"어째서 그런 편지를……."

"어째서라니, 모두 자네를 위해서 그런 거지."

"네?"

도대체 무슨 말인지 점점 더 이해가 가질 않았다.

"그게 내가 할 일이야."

"선생님이 할 일이라고요?"

머릿속의 모든 기능이 정지된 기분이었다.

"집주인의 할 일은 세입자가 행복하게 지내도록 돕는 거 아니겠소?"

"하, 하지만, 그것과 편지가 무슨 관련이 있는지요?"

"그렇게 너무 당황하지 말아요. 하나씩 얘기해줄 테니까."

너무나 의외의 일이라, 아무리 침착하려 해도 무리였다.

"언제였더라. 으음, 몇 달 전에 웬 낯선 사람이 토오 씨 우편함에 흰 봉투를 넣고 가는 걸 봤소. 나도 처음엔 별로 신경 쓰지 않았지."

그러면, 편지를 쓴 사람은 따로 있다는 말인가? 도대체 어떻게 된 일인지 종잡을 수가 없었다.

"그런데 한두 번도 아니고, 자꾸 마주치다보니 서로 인사를 하게 됐지. 내가 먼저 물어봤어요. 왜 매일 흰 봉투를 가져오느냐고."

"네."

"그랬더니, 토오 씨를 위해서 하는 일이란 거야."

"어, 어떻게 생긴 사람이었습니까?"

"여자 분이었지."

"네? 여자라고요?"

그 순간, 나는 다무라를 떠올렸다.

"서른 살, 아니 스물여덟 살 정도 여성이었습니까?"

"글쎄, 그렇게 정확히는 모르겠고 그렇게 젊지는 않았어요."

"젊지 않다면 대략 몇 살 정돕니까?"

"글쎄, 오십 전후로 보이던데."

"네? 그, 그럼 혹시 이름이라도……."

"아아, 이름은… 하토리 씨였어."

그럼, 하토리 부장이란 말인가? 하지만 분명히 여자라고 했다! 설마, 나와 마주치더라도 알아보지 못하도록 여장을 한 건가? 머릿속이 하얘지다 못해 이제는 온갖 잡생각으로 들끓기 시작했다.

"분명, 하토리 씨입니까?"

"그럼."

여장을 한 하토리 부장을 떠올리자, 오히려 내가 더 무안해 졌다.

"그 여자분 토오 씨를 위해 편지를 넣고 간다고 했는데 사실은 자기 남편이 토오 씨의 상사라고 했어요."

"아, 사모님이었군요."

나는 안심했다. 하지만 어떻게 된 일인지 영문을 모르기는 마찬가지였다.

"남편이 도저히 시간을 낼 수 없어 자기가 대신 온다더군. 매일 오고 싶은데 자기도 시간 내는 게 쉽지 않다는 거예요. 중간에 내가 편지를 받아서 하나씩 넣어둔 거지. 세입자한테 좋은 일이라면 집주인도 가만히 있을 순 없지."

확실히 처음에는 띄엄띄엄 오던 편지가 어느 날 부턴가 규칙적으로 자주 왔던 것 같았다.

"그런데 하토리 씨의 남편, 오사카로 발령 난 건 알고 있지요? 마지막으로 흰 봉투를 가지고 남편이랑 왔는데 두 사람 모두 고맙다고 어찌나 공손하게 인사를 하던지 내가 오히려 황송할 정도였어."

"혹시, 저한테 뭐 전해주라고 한 말씀 같은 것은 없었습니까?"

"아아, 혹시라도 흰 봉투에 대해 물으면 다 얘기하라고 했어요. 사실 매일 언제 물어오나 하고 내심 기다렸지. 말씨도 온화하고 부하 직원에 대한 마음도 얼마나 따뜻한지. 토오씨, 그분한테 야단 한번 맞은 적 없지요?"

"아니, 아… 예. 뭐, 그렇습니다."

나는 집주인에게 고맙다는 인사를 하고 서둘러 내 원룸으로 돌아왔다. '온화하다'는 말엔 동의할 수 없었지만 하토리 부장이 분명했다. 그런데 믿기지가 않았다. 왜 그렇게까지 번거롭게 내게 편지를 보냈던 것일까? 처음엔 흰 봉투에 담긴 편지가 설교를 하는 것 같아 싫었다. 돌이켜 보니 모두 나를 격려하거나 중요한 사실을 깨닫도록 하는 말이었다. 아무래도 하토리 부장이 나를 쭉 지켜보고 있었나 보다.

하지만, 왜? 그렇게 나한테 심술궂게 굴었으면서……. 지금이라도 만나서 물어보고 싶었다. 하토리 부장은 전근 간 직후이기 때문에 토요일인 오늘도 회사에 나와 업무 준비를 하고 있을지 몰랐다. 앉지도 서지도 못하고 불안한 마음에 몇 번이나 오사카 본사의 하토리 부장이 소속된 부서에 전화를 걸어보았다. 휴일이라 그런지 아무도 전화를 받지 않았다. 포기하지 않고 조금 있다가 다시 걸었더니, 마침 출근했던 한 사원이 전화를 받았다. 그는 하토리 부장이 업무 준비를 위해 내일 출근할 예정이라고 했다. 나는 조금도 망설이지 않고 그때까지 받은 편지들을 들고 다음 날 오사카 본사로 찾아가리라 마음먹었다.

여전히 설마 하는 의심을 안고 신칸센에 올랐다. 그렇게 엄하고 무섭기만 하던 상사가 나를 위해 계속 편지를 보냈다는 사실을 도무지 믿기 어려웠다. 하지만 후루야 과장의 이야기대로 나의 성장을 위해서라면 그런 편지를 보냈을 수도 있을 것 같았다.

하지만 5년 전의 온화한 하토리 부장이라면 몰라도 나만 보면 잡아먹을 듯이 으르렁대던 그가 흰 봉투의 편지를 보냈다니 아무래도 이해가 안 갔다. 생각할수록 바닥을 알 수 없는 늪으로 빠져드는 기분이었다.

사실, 하토리 부장을 만난다 해도 이야기나 제대로 나눌 수 있을지 걱정됐다. 괜히 야단맞으며 쫓겨나지는 않을까 싶었다. 그래도 직접 만나서 편지에 얽힌 자초지종을 듣고 싶은 마음이 매우 컸기에 오사카로 가는 걸음을 멈추진 않았다. 드디어 오사카 역에 도착했다. 따뜻하고 부드러운 봄바람에 등을 떠밀리다시피하며, 회사까지 갔다. 그 때,

"토오?"

뒤에서 익숙한 목소리가 들렸다. 돌아보니, 하토리 부장이 활짝 웃으며 서 있었다. 오랜만에 하토리 부장의 웃는 얼굴을 보

니 그동안의 미워했던 마음이 녹는 듯했다.

"자네가 왜 여기 있는 거지?"

다 알면서 묻고 있었다. 오히려 질문을 해야 할 사람은 나였다.

"하토리 부장님, 이거 본 적 있으시죠?"

내가 가방에서 편지 다발을 꺼내자 하토리 부장은 살며시 미소를 짓더니 알겠다는 표정을 지었다.

"모처럼 휴일에 업무 준비를 하려고 했지만, 귀한 손님이 오셨으니 그냥 보낼 순 없지."

하토리 부장은 나를 데리고 회사 근처의 카페로 갔다. 먼저 말을 꺼낸 것은 하토리 부장이었다.

"끝까지 숨겼더라면 훨씬 좋았을 텐데 결국 들켰어. 속았다고 생각하니 처음엔 기분 나빴지? 전부 읽어봤나?"

장난을 치고 나서 반응을 살피는 어린 아이처럼 하토리 부장은 슬쩍 웃으며 물었다.

"처음에는 제 앞으로 온 편지가 아닌 줄 알았습니다. 하지만 내용이 좋아서 저도 모르게 읽게 되었습니다. 읽을수록 제게 꼭 필요한 말인 것도 같고."

하토리 부장은 한 동안 내 얘기를 듣고 있더니 큰 가방에서 책 한 권 분량의 낡은 파일을 꺼냈다.

"사실, 그 편지는 내가 쓴 게 아니냐."

"그럼, 도대체 누가 보낸 겁니까?"

나는 이건 또 무슨 말인가 싶어 눈을 크게 떴다.

"이 파일에 있는 말 중에서 골라 쓴 거야. 파일을 만든 사람……."

하토리 부장은 소중하다는 듯이 손으로 쓰다듬었다.

"이 파일 말이야. 자네 아버님께 받은 거야. 이 속에 자네 아버님이 준비해놓은 격언이 가득 차 있지."

황당한 이야기를 듣게 되자 점점 더 머리가 이상해졌다. 어떻게 하토리 부장이 아버지를 안다는 말인가? 편지는 왜 보낸 것일까? 무섭기만 하던 하토리 부장이 갑자기 왜 이렇게 부드러운 사람으로 변한 것일까?

"집주인에게 들어서 알겠지만 편지를 배달한 사람은 내 아내야. 원래는 내가 하고 싶었는데 도저히 시간을 낼 수 없어 고민했지. 고맙게도 자네 얘기를 들은 아내가 배달을 해주겠다고 하더군."

"그런데, 부장님이 어떻게 저희 아버지를 아시죠? 어떤 관계이신지요?"

내가 파일에 눈길을 주면서 묻자, 하토리 부장은 자세를 고쳐 앉으며 한 번도 본 적 없는 온화한 미소로 지난 이야기를 들려주었다.

내 아버지는 고등학생 시절에 특별활동으로 가라테*를 하셨다. 졸업한 뒤 후배들을 격려하러 모교를 찾아가셨는데, 하토리 부장이 당시 가라테 반의 반장이었다고 한다. 하토리 부장은 아버지로부터 리더의 중요한 자질이나 팀워크에 대해 배웠다. 넉넉하지 못한 가정 형편 때문에 고등학교를 졸업하고 취직해야 했던 하토리 부장은, 한동안 일자리를 찾지 못해 힘들어했다. 그때 아버지가 자신이 일하던 인쇄 회사에 하토리 부장을 소개해 주셨다. 나중에 알고 보니 아버지가 당시 사장에게 몇 번이나 고개 숙여 부탁한 끝에 하토리 부장은 겨우 취직할 수 있었다고 한다. 그 후에도 아버지는 하토리 부장에게 사회인으로서 중요한 것들을 가르쳐주며 여러 가지로 보살펴주셨다고 했다.

"이 회사로 옮긴 후에는 만나뵐 기회가 없었는데, 6년 전에 우연히 선배를 만나고 깜짝 놀랐어. 선배의 아들이 내 직속 부하였지 뭔가. 그때는 그냥 또 만나자는 말만 하고 헤어졌지. 난 정말 자네 아버지께 인생살이에서 중요한 것들을 많이 배웠지. 늘 은혜를 갚고 싶다고 생각했어."

"왜 그때 아버지와 오래 전부터 알던 사이라고 제게 말씀하시

---

*일본의 전통적인 격투기

지 않으셨습니까?"

"자네 아버지가 얘기하지 말라고 부탁하셨네. 늘 하던 대로 보통 부하 직원으로 대우해달라고 부탁하시더군. 자네가 나한테 기대기라도 할까봐 걱정하셨던 거 같아."

하토리 부장은 조용하면서도 쓸쓸한 어조로 말을 이었다.

"그러고 나서 일 년 쯤 지난 뒤였을 거야. 토오 선배가 만나고 싶다고 연락을 해왔어. 선배가 완치가 힘든 병에 걸렸다는 얘기를 듣고 많이 놀랐지. 그때 과연 내가 선배를 위해 할 수 있는 일이 무얼까 생각을 했더니 자네의 얼굴이 떠오르더라고."

하토리 부장은 커피를 한 모금 마시고 기분을 좀 가라앉힌 뒤 다시 입을 열었다.

"내가 자네의 상사로 있을 수 있는 시간은 짧아. 그건 다른 부하 직원들도 마찬가지야. 난 그 짧은 시간을 어떻게 하면 가장 의미 있게 보낼까 고민 끝에 자네가 하나의 인격체로서 가장 많이 성장하도록 도와줘야겠다고 생각했어."

"하나의 인격체로서 가장 많이 성장하는 시간이라면……."

"높은 벽을 뛰어넘는 체험을 할 수 있도록 도와주는 거지. 과거에 자신이 가지고 있던 상식이나 믿음을 넘어 성장하는 기쁨을 맛보게 하고 싶었네. 그러기 위해 무엇부터 할까 고민하다가 우선 내가 치열하게 살아가는 모습을 보여주기로 했네."

"하토리 부장님의 일하시는 모습은 저희들에겐 언제나 모범이셨죠."

"아직 멀었어. 그런 역할 말고도 몇 가지 더 선택할 여지가 있었네. 나는 내 역할을 엄한 상사로 일관하기로 정했어. 부하 직원들 앞에 높은 벽을 세우고 하루하루를 진지하게 살아갈 계기를 만들어주기로 한 거지."

또 하나의 수수께끼가 풀렸다.

"어느 날인가부터 하토리 부장님이 무서워졌다고들 그랬는데 이유가 있었군요."

"하하하. 다들 그럴 만도 하지. 아랫사람에게 나 같은 상사는 무섭고 싫은 존재였을 거야. 하지만 어딜 가도 그런 상사는 꼭 한두 명 있어!"

"하긴, 어느 회사에나 있는 거 같긴 합니다."

"그뿐인가? 대놓고 부하를 무시하는 상사, 문제가 생기면 부하에게 책임을 떠넘기는 상사도 있지. 게다가 무리한 일을 강요하는 상사도 있어. 이런 사람들도 결국은 부하 직원들이 성장할 수 있도록 자기 역할을 다하고 있는 거지."

"하지만 정말 성질이 고약한 상사도 있지 않습니까?"

"난, 그런 상사는 없다고 생각하네. 아랫사람을 무시하는 것은 아랫사람이 좀 더 자신감을 갖고 알아서 일하길 바라기 때문이고 아랫사람에게 책임을 전가하는 것은 좀 더 책임감을 느끼며 일하길 바라기 때문일 거야. 또 무리한 일을 강요하는 것은 어떤 상황에서도 결과를 만들어내는 사람이길 바라기 때문이겠지. 근본적으로 악한 상사는 거의 없어."

"그럴지도 모르겠지만, 그래도……."

"물론 단순히 부하를 괴롭히기 위해 그러는 경우도 있어. 하지만, 이쪽에서 어떻게 받아들이느냐에 따라 그것을 성장의 기회로 만들 수도 있어."

"정말, 받아들이는 마음가짐이 중요하군요."

"아, 이제야 내 마음을 알아주니 정말 기쁘네."

"모두 부장님 덕분입니다."

"그런 말을 할 정도면 이제 두려울 게 없어. 모든 것은 내가 받아들이는 방식에 따라 어떻게든 될 테니까. 토오! 자네도 많이 성장했어."

"감사합니다. 하지만, 아직은 실마리를 잡은 정도입니다."

"그럼, 이제부턴 좀 더 크게 성장하도록 하게. 사실, 마음속으로는 자네가 어떻게 될지 많이 걱정했어."

"사실 그동안 하루하루가 너무 괴로웠습니다."

"하하하, 그랬을 거야."

"그래서, 그 편지가……."

"그래, 아버지 돌아가셔서 힘든데 회사에 오면 내가 괴롭히니 얼마나 힘들었겠어. 계속 '이렇게 살아야 하나' 하는 생각까지 하지 않았어? 그런 자네를 보는 나도 괴로웠네."

역시 하토리 부장은 나를 쭉 지켜보고 있었다. 그런 사실이 기쁘기도 했지만 그동안 하토리 부장의 마음을 알지 못하고 미워했던 것이 죄송스러웠다.

"자네 아버님은 자넬 무척 자랑스러워하셨지. 조금 마음이 약하긴 해도 아주 성실하고 온화한 성격이라고 칭찬하시면서 내게 모든 걸 맡기겠다고 하셨네."

"아버지가요?"

나는 왠지 쑥스러워 부끄러운 듯이 물었다.

"그래. 이 모든 걸 기획하신 분은 결국 자네 아버님인 셈이지. 하하하!"

하토리 부장은 모든 것을 밝히고 나니 속이 시원하다는 듯이 크게 웃었다.

"이 세상에서 가장 높은 벽은 내 마음의 벽이야. 그 벽을 넘으려면 체력보다는 사고방식이 중요해. 처음엔 편지 보내는 일을 뭐 하러 시작했나 싶기도 했지만 자네 아버님이 주신 말씀을 하나씩하나씩 골라서 계속 보냈지. 물론 내게도 모두 가르쳐주셨던 사고방식이지만."

"저를 위해서 그렇게까지…….."

"지금까지 자넨 그 편지들과는 정반대로 살진 않았나? 아마 처음엔 편지글의 의미조차 이해하기 어려웠지?"

"뭐, 조금…….."

"그냥 솔직히 말해도 괜찮아. 자네가 이해하든 못하든 난 자넬 믿고 계속 보내기로 작정한 거니까. 자네가 성장할 수 있다면 그 정도야 얼마든지 할 수 있는 일이었어."

"……."

하토리 부장의 말에서 부하를 생각하는 진심과 열의가 느껴졌다.

"토오, 홋코 자동차에서 주문받았을 때 꽤 우쭐해져 있었지?"

"네. 그땐 제가 자만심에 빠져 있는 줄 미처 몰랐습니다."

"마침 그때 후루야 과장과 연락이 닿았어. 자네 얘기를 했더니 흔쾌히 도와주겠다고 나서더군. 그래서 이의제기 사건을 꾸며내게 된 걸세. 그 일로 어느 정도 효과를 보리라고 예상은 했지만 후루야가 그렇게까지 진심으로 자네를 대할 줄은 몰랐지."

"네. 정말 절 많이 생각해주셨습니다. 훌륭하신 분입니다."

내 가슴은 히토리 부장과 후루야 과장에 대한 감사로 차올랐다.

"자네와 니시가와는 원래 사이가 좋지 않아서 가능하면 그대로 두어야겠다고 생각했어. 만일 니시가와와 잘 지내면 다른 어떤 부하 직원들과도 신뢰를 쌓을 수 있을 것이라고 생각했지. 원래 자기랑 가장 맞지 않는 부하가 최고로 성장할 수 있도록 도와주는 사람이거든. 그래서 그냥 쭉 지켜보고 있었어."

"하지만 니시가와가……."

"맞아. 니시가와가 먼저 나가떨어져 버렸지? 더 이상 자네랑 한 팀으로 일을 못하겠다고 찾아왔더군. 여러 가지 변수를 생각해봤지만, 그건 전혀 예측하지 못한 일이었어. 하하하."

"그러셨군요."

"그런 일이 있었는데도 자네가 니시가와에게 먼저 말을 걸며 노력하는 모습을 보고, 그만큼 성장했다는 증거라고 생각했지. 감동했어."

니시가와가 내 성장에 도움이 되리라곤 한 번도 생각해본 적이 없었다. 정말 내게 일어나고 있는 모든 일에는 의미가 있는 것 같다는 생각이 들었다.

"지금 생각하니 니시가와가 늘 자극을 주었습니다. 그 덕분에 제게 일어나는 사건들 대부분의 원인이 저라는 사실을 깨달았습니다. 제겐 더없이 소중한 경험이었습니다."

"그거 다행이야. 그리고 놀라지 말게. 자네 옆자리의 다무라에게도 도움을 받았으니까."

"네?"

내가 미처 모르고 있었던 이야기들이 계속 쏟아졌다.

"다무라도 예전엔 토오 자네 같았네. 무슨 일이 있으면 다른 사람 탓으로 돌리고 자기 일만 잘하려고 들었어. 인간관계, 특히 선배와 관계가 좋지 않아 고민하던 때가 있었지. 그때부터 나에게 상담을 받았기 때문에 그 사정을 잘 알아."

그러고 보니 예전에 다무라가 '나도 토오 씨랑 비슷한 경험을 해서 잘 알아요.'라고 친근하게 말했던 적이 있었다.

"회사 밖에서도 적극적으로 자네를 응원해줄 사람이 필요하다는 생각이 들어 오니지마에게 도움을 청하기로 했지. 그런데 다무라가 반대하더군."

"잠, 잠깐만 부장님. 오니지마와 다무라 씨가 서로……?"

영문을 알 수 없는 이야기가 꼬리에 꼬리를 물었다.

"아, 그 두 사람 서로 사귀는 사이야."

"네?"

"두 달 뒤면 결혼해."

"아, 그랬군요."

얼마 전에 오니지마가 말했던 결혼 상대가 바로 다무라였단 말인가? 거짓말 같았다. 마치 지어낸 이야기처럼.

"사실, 그 무렵 다무라와 오니지마 사이가 별로 좋지 않았어. 다무라는 오니지마와 함께 자네를 위한 일을 하고 싶지 않았을 거야. 자기들 사이도 별로 안 좋은데 함께 다른 사람을 돕기가 쉽지 않을 테니까."

모든 것이 한 번도 생각지 못했던 일들이라 아예 할 말을 잃고 말았다.

"하지만 내 생각은 달랐어. 두 사람이 서로 상대만 바라보고 있으면 결점만 보여 불만이 생기기 마련이거든. 그럴 땐 공동 목표를 가지고 서로 도우면서 그걸 실현하려고 노력하는 것도 좋은 방법이야. 그렇게 하면 두 사람 모두 성장할 수 있거든. 다른 사람을 응원하는 것은 응원하는 당사자가 성장하는 길이기도 해."

"그, 그런 일이 있었군요."

"결국 두 사람은 자네를 응원하기 위해 매일 전화로 많은 이야기를 나누었다더군. 회사의 존재 가치, 일의 의미, 인간관계, 그리고 둘이 어떻게 협력할까 같은 것들에 대해서. 그러면서 서로를 더 깊이 이해하고 인정하게 되었고 결국은 결혼 약속까지 한 거야."

"네."

"자네 덕분에 결혼을 하는 거지. 지금쯤 두 사람은 자네한테 아주 감사하고 있을 걸세."

문득, 예전에 오니지마가 한 말이 떠올랐다. '사실은 말이야, 우리가 결혼을 약속한 것도 다 네 덕분이야.', '네가 있는 것만으로도 행복해지는 사람들이 있다는 말이지.' 당시엔 종잡을 수 없었던 말들의 의미가 명확해졌다. 내가 괴로운 상황에 처했다는 사실이 두 사람의 사랑싸움엔 오히려 도움을 주었을 줄이야.

"사람은 누구나 다른 사람에게 도움을 주기도 하고 기쁨을 주기도 해. 사람이란 그 존재 자체가 보석이야."

하토리 부장의 이 한 마디가 밀려드는 감동을 억지로 참던 나를 결국 울리고 말았다. 뜨거운 한 줄기의 눈물이 볼을 타고 흘렀다.

"남자가 왜 그렇게 잘 울어. 자, 닦아."

하토리 부장이 슬쩍 내민 손수건을 받아드는 내 손이 떨렸다.

"그렇게 마음이 약해서……."

책망하듯이 말하면서도 따뜻하게 미소 짓는 하토리 부장의 얼굴을 손수건 틈으로 볼 수 있었다.

"토오, 이제 슬슬 일어나볼까?"

"저, 아직……."

"또, 언제든 만날 수 있으니까. 다음다음 주에는 내가 도쿄로 갈 거야. 이건 그동안 내가 맡아놓았던 건데 돌아가는 길에 천천히 읽어보게."

하토리 부장이 흰 봉투 하나를 내밀었다.

"설, 설마 아버지가 쓴 겁니까?"

"맞아."

하토리 부장은 역까지 나를 배웅해주었다. 역에 도착할 때까지 지난 1년 동안 일어났던 일이나 아버지에 대한 이야기를 나누었다. 그동안 몰랐던 아버지에 대한 이야기를 들어 무척 기뻤다. 헤어질 때 하토리 부장이 내게 마치 선언하듯이 얘기했다.

"토오 선배에게 직접 은혜를 갚지는 못했지만 내가 지금까지 받았던 것들을 이제야 다른 사람에게 줄 수 있게 되었어. 앞으로도 내가 받은 은혜를 다른 사람들에게 주면서 살까 해. 어차피 세상은 그렇게 돌고 도는 거니까. 또 사람은 혼자서 살 수는 없으니까. 자, 그럼 토오, 다음에 만날 때까지 건강하게 지내."

"네. 감사합니다. 아! 그리고, 죄송했습니다. 그동안 부장님 마음도 모르고."

"괜찮아. 하지만 다른 엄한 상사들은 마지막에 아무 말도 안 하고 떠나버릴지 몰라. 이런 일은 끝까지 침묵하는 게 폼이 나는데 말이야. 결국 전부 말해버리고 말았어. 난 아직 멀었어. 하하하!"

신칸센에 올라 자리에 앉자마자, 하토리 부장에게서 받은 편지를 꺼냈다. 지금까지 우편함에 들어 있었던 28통과 똑같이 생긴 흰 봉투에 담긴 편지였다. 봉투 앞면의 한가운데에는 '츠요시에게', 뒷면의 왼쪽 아래에는 '아버지로부터'라고 씌어 있었다.

봉투를 들고 있는 것만으로도 가슴이 두근거리고 손이 떨렸다. 마음은 급했지만 편지를 빨리 꺼내기가 쉽지 않았다. 이것이 아마도 흰 봉투에 담긴 아버지의 마지막 편지일 것이다.

츠요시, 잘 지내니?

내가 죽고 나서 1년 뒤에 이 편지를 전해주라고 믿을 만한 사람에게 맡겨놓았단다. 지난 1년 동안 여러 가지 변화가 있었을 거야. 아마 네가 하나의 인격체로 성숙하기 위한 시간이었겠지.

아버지는 우리 아들이 정말 좋단다. 츠요시는 정말 마음씨가 고운 사람이야. 츠요시가 어렸을 때, 아버지가 너희 엄마랑 싸우고 말을 안 하고 지내던 때가 있었어. 그때 네가 우리에게 편지를 썼지. **삐뚤빼뚤한** 글씨로, '사이좋게 지내세요.'라고 딱 한 마디 썼지. 그 편지를 읽고 다시는 네 앞에서 싸우지 않기로 엄마와 약속했지. 그 후 정말로 한 번도 싸우지 않았단다.

회사 일에서 문제가 생겨 침울한 기분으로 돌아오면 넌 내 어깨를 조용히 주물러주었어. 굳이 말하지 않아도 아버지를 생각하는 네 마음을 잘 알 수 있었단다.

네 생일 선물로 아버지가 야구 모자를 사주었던 거 기억나니? 모자를 주면서, "이 모자를 쓰면 프로야구 선수가 될 수 있어. 어떤 꿈이라도 이루어주는 모자야."라고 했더니, 너는 네 친구들 모두에게 그 모자를 한 번씩 써보도록 했지. 너에 대해선, 아무리 생각해도 끝이 나지 않을 정도로 많은 추억이 있단다. 넌 정말 자랑하고 싶을 정도로 상냥한 성품을 지닌 아들이었어.

츠요시도 알고 있겠지만 아버진 옛날부터 등산을 좋아했어. 참 많은 산에 올라가 봤는데 높은 산일수록 산정에서 내려다보는 경치가 아주 감동적이란다. 우리네 인생살이도 마찬가지야. 살면서 큰 목표를 달성할수록 밀려오는 감동도 더 큰 법이란다. 그런 목표에 이르는 길은 큰 산을 오를 때처럼 험해. 이런 험한 길을 넘어가려면 강인함이 필요하지.

난 결혼 전부터 아들이 태어나면 '츠요시(剛, 굳셀 강)'란 이름을 지어주고 싶었어. 어떤 험한 산이라도 잘 넘을 수 있는 강인함을 지닌 아이로 성장하길 바라는 마음에서였단다.

사실, 아버진 지금까지 여러 가지 일에 많이 도전해봤어. 잘 안 되기만 하는 경우가 대다수였어. 하나의 벽을 넘으면 그 뒤엔 더 큰 벽이 도사리고 있었지. 내가 가진 힘으로는 하나같이 넘기 어려운 벽들이었어. 매일 어떻게 하면 좋을까 고민하는 날의 연속이었단다. 더 이상 도전할 힘이 없어 주저앉은 적도 많았어.

'위기가 곧 기회다', '모든 일에는 수만 가지의 방법이 있다', '포기하지 않는 인생이 성공을 부른다'. 모두 내가 괴로움을 겪으며 얻은 깨달음들이지. 돌이켜보니 잘 풀리지 않았던 일들, 괴로웠던 일들은 인생살이에서 중요한 것들을 알게 해준 최고의 기회였단다.

내가 깨달았던 말들을 파일로 정리해 하토리 군에게 맡겼단다. 하토리 군이라면 너를 위해서 이 말들을 유용하게 사용해줄 것이라 믿어. 하토리 군은 내 사고방식을 이해해주었던 후배로 마음 깊이 신뢰할 수 있는 사람이란다. 분명 네가 이 편지를 읽고 있을 무렵에는 하토리 군에게 맡긴 파일의 존재를 알게 되었을 거야.

사람에겐 누구나 살아가는 이유와 의미가 있단다. 인생에서 무의미한 일은 아무것도 없어. 어떤 과거도 미래를 위한 중요한 재산이 될 수 있지. 그러니 모든 일에서 의미를 찾고, 가치를 창조할 수 있다는 걸 기억하렴. 이 과정을 통해 진정한 삶의 보람을 얻을 수 있다는 것도 잊지 말고.

살다보면, 괴로운 일도 힘든 일도 많단다. 어쩌면 거의 모든 일이 네 생각대로 풀리지 않을지도 몰라. 그런 순간에도 어떻게 생각하고 어떻게 행동해야 할지는 네 생각대로 결정할 수 있단다. 이때 내린 결정에 따라 인생은 이렇게도 될 수 있고 저렇게도 될 수 있어.

힘든 경험은 가능하다면 하고 싶지 않을 거야. 힘든 일을 당하더라도 걱정은 하지 마렴. 언제나 변함없이 너를 믿는 아빠가 지켜보고 있으니까. 우리 츠요시는 어떤 어려운 고비도 잘 넘길 수 있을 거야.

츠요시, 네 인생의 하루하루가 점점 더 행복해지길 바란다. 무엇보다 사람은 자기 혼자 행복해지기 어렵다는 걸 기억하렴. 우리가 진정으로 행복해지려면 우선 주변 사람들부터 행복하게 만들어야 한단다. 그 후, 주변 사람들에게 감사하다는 말을 듣게 되면, 자신도 최고의 행복을 느낄 수 있어. 사람이란 원래 다른 사람을 행복하게 함으로써, 자신도 행복해지는 존재거든. 츠요시라면 많은 사람들을 행복하게 해줄 수 있을 테니까 결국 네 자신도 가장 행복한 사람이 될 거야.

아빠는 매일 츠요시를 생각하며 살았어. 우리 츠요시가 '지금 무얼 하고 있을까?' 하는 생각이 늘 아빠 마음에서 떠나질 않았지. 앞으로 살아가는 날 동안 어떤 실수를 저지르든 또는 실패를 하든, 네가 아빠의 소중한 아들이란 사실은 변하지 않는단다.

츠요시와 함께 보낸 나날은 정말 행복하고 멋진 시간들이었어. 일을 하다 아무리 힘든 상황에 처하더라도 너의 잠든 얼굴을 보면 늘 용기가 솟았지. 츠요시만 있으면 어떤 어려움이 닥쳐도 이길 수 있다고 생각했단다. 늘 츠요시가 자랑스러워할 만한 아빠가 되기 위해 더더욱 열심히 일했단다.

하지만, 우리가 살 수 있는 시간에는 한계가 있구나. 요즈음은 그 사실을 받아들이고 있어. 이제, 츠요시가 성장하는 모습을 끝까지 지켜볼 수 없게 되었단다. 곧 내 인생을 마무리해야 할 때가 오리라는 걸, 요즈음은 하루가 다르게 느껴. 언젠가는 이런 날이 닥치리라는 걸 알고 있었지만 츠요시를 위해선 더 살아야 하는 게 아닐까 생각하니 마음이 아프구나.

아버지는 츠요시의 웃는 얼굴을 보는 게 정말 좋았어. 정말 조금이라도 더, 너와 함께 있고 싶었단다. 함께 여러 가지 이야기를 나누고도 싶었고 여러 가지 일을 해보고도 싶었지.

앞으로 츠요시의 삶에 웃을 일이 넘쳐나도록, 츠요시 주변 사람들이 모두 밝고 활기 넘치도록, 츠요시가 계속 행복하게 지낼 수 있도록 아버지가 하늘나라에서 늘 기도할게. 아무리 어려운 일이 있더라도 아버지가 지켜보고 있다는 걸 잊지 말려무나.

마지막으로, 내가 가장 좋아하는 말을 써서 보낸다.

꿈꾸지 않으면 실현할 수 없다.

아버지로부터

에필로그

    신칸센을 타고 나서 나는 몇 번이고 편지를 다시 읽어보았다. 되풀이해서 읽을 때마다 마음의 틈에 숨겨져 있던 혼란들이 사라지고 전신이 투명해지는 기분이 들었다.
    나는 그동안 많은 사랑을 받으며 살았다. 그동안 겪어왔던 모든 사건들이 기억 속에서 조용히 빛나고 있었다. '마음을 터놓고 지내는 친구와 술잔을 기울이며 웃으며 뒹굴던 일. 엄하기만 하던 상사가 꼭꼭 숨겨두었던 진정한 미소. 항상 신이 나서 일하던 옆자리 동료가 해주던 긍정적인 말. 같이 일하기 싫을 정도로 미워하던 후배가 들려준 감동적인 이야기. 내 모든 것을 인정해주고, 누구보다도 사랑해준 온화한 아버지의 추억.' 이 모든 것들이 쓰나미처럼 한꺼번에 내 머릿속을 덮쳤고 솟구치는 감정은 눈물로 변해 넘쳐흘렀다. 나 자신도 신기할 정도로 주체할 수 없을 만큼 많은 눈물이 펑펑 쏟아졌다. 지금까지 늘 불평만 하고 감정을 느끼는 데에도 무디기만 했던 내 모습이 아주 오랜 과거의 일처럼 낯설게 느껴졌다.

나를 가장 괴롭혔던 것은 스스로의 생각이었다. 이제 괴로움의 원인을 알았으니 더 이상 예전의 나로 돌아가고 싶지 않았.

인생은 정말 멋지다는 생각이 들었다. 사람들은 많은 실패 속에 고통을 겪으며 많은 벽에 부딪히고, 고뇌 속을 헤매며 살아가고 있었다. 때로는, 다른 사람과 부대끼면서 아주 힘든 고통의 시간을 견뎌야 할 때도 있었다. 이런 시간을 지나면서 모난 곳이 깎이고, 자기다움을 발견하며 점점 빛을 발하게 될 것이다.

멀리 산봉우리를 붉게 물들였던 태양이 능선 너머로 사라지고, 어둠이 점점 짙게 내렸다. 오늘 하루를 열심히 살았던 모든 생명체들은 이제 집으로 돌아가 잘 준비를 할 것이다. 오늘 하루도 열심히 최선을 다했다는 기억과 함께.

집에 도착해 우편함을 열어 보니 하얀 봉투 하나가 들어 있었다. 오니지마와 다무라의 결혼을 알리는 청첩장이었다.

저자의 글

내 아버지는 도쿄 변두리에서 골판지 공장을 운영하셨다. 집과 공장이 붙어 있어서 어린 시절 나는 아침, 점심, 저녁을 아버지와 함께 먹었다. 아버지는 늘 이른 아침부터 저녁 늦게까지 열심히 일하셨다. 당시는 아침 8시부터 밤 12시까지 공장을 가동하던 게 보통이던 시절이었다.

아버지는 사장이셨지만 본인이 직접 화장실 청소까지 하셨다. 아주 성실하고 늘 진지하고 조용한 분이셨다. 어린 시절 나는 그런 아버지를 보며 '어른이 되면 하루 종일 일만 해야 하는구나.' 싶어 나이 먹는 것이 싫을 정도였다.

하지만 어느 정도 철이 들자 잠자는 시간까지 아껴 일하시는 아버지는 나의 동경 대상이 되었다. 감시하는 사람이 아무도 없기에 하루쯤은 늦잠을 자고 게으름을 부려도 되는데 아버지는 비가 오나 눈이 오나 하루도 빼놓지 않고 정해진 시간에 일어나 정해진 시간까지 정해진 순서대로 부지런히 일하셨다. 정말 대단한 분이라는 생각이 들었다.

나는 대학 졸업 후 어렵게 취직한 회사를 한 달도 못 돼 그만두고 나만의 꿈을 찾지 못해 방황했다. 그때 잠깐이지만 아버지를 도와 골판지 공장에서 일을 한 적이 있었다. 그곳에서는 아침부터 밤늦게까지 똑같은 일만 되풀이되고 있었다. 골판지를 특정한 크기로 자르는 법을 배우고 났더니 곧 눈앞에 내 키보다도 더 높이 쌓인 골판지 더미가 나타났다. 그것을 모두 같은 크기로 잘라야 했다. 몇 시간이나 걸려 겨우 그 일을 마치자, 이번에는 아버지가 나를 2층 창고로 데려가셨다. 그곳에는 내 키보다 훨씬 더 높이 쌓인 골판지 더미들이 몇 줄이나 늘어서 있었다. 그것들을 모두 같은 크기로 자르는 게 내 일이었다. 그 일을 하고 나서 한동안은 근육통에 시달려야 했다.

골판지 공장에서 하는 일들은 대부분 단순해 몇 시간만 하면 금방 지루해졌다. 게다가 같은 실수를 반복하기 쉬웠기에 어느 정도 하다보면 더 이상 못할 것 같은 기분이 들 정도로 고통스러웠다.

결국, 나는 아버지께 여쭈어 보았다.

"아버지, 몇 시간 동안 같은 일을 계속하면서 집중할 수 있는 비결이 뭐예요?"

"그야, 간단하지. 고객의 웃는 얼굴을 떠올리면 돼. 눈앞의 일만 보고 있으면 계속 집중하기가 쉽지 않아. 하지만 일을 완성하고 난 뒤를 생각하면 고객의 웃는 얼굴이 보여. 그 얼굴을 떠올리면 일에 자부심도 생기고 집중력도 생기지."

나는 그때서야 아버지가 지치시지 않고 아침부터 밤늦게까지 일을 할 수 있었던 이유가 일 자체를 즐기기 때문이라는 것을 알았다.

당시 아버지는 내게 가업을 이을 것을 요구하지 않으셨다.

"내 일을 물려받는 것은 다른 일들을 해본 뒤에 해도 된다. 이 일도 이대로는 전망이 별로 없어. 어쩌면 너한테 맞는 새 일을 찾아보는 게 더 좋을지도 모르겠구나."

내가 어렸을 때에는 골판지 공장의 사원이 100명이 넘었지만 그 무렵엔 20명 정도로 줄어들었다. 물론 새로운 기계를 도입해 새로운 일을 벌이는 등 아버지 나름대로 노력은 하셨다. 하지만, 성과를 거두기도 전에 사업 환경이 크게 변했다.

내게는 나보다 한 살 어린 남동생이 있었다. 어렸을 때부터 무엇이든 잘 하던 녀석이었는데 나처럼 대학 졸업 후 취직하자마자 회사를 그만둔 신세가 되었다. 경제적으로 독립해야 할 나이에 놀면서 집에 있는 두 아들 때문에 부모님은 마음이 아프셨을 것이다.

나는 동생과 매일 이런 이야기를 나누었다.

"너, 이제부터 뭐 할 거니?"

"아직 잘 모르겠어. 형은 뭐 할 건데?"

"나도 아직 모르겠어. 왜 사는지도 잘 모르겠다."

그 후, 동생은 지인과 함께 벌인 사업이 유행을 잘 타서 단번에 성공 궤도에 올랐다. 하지만, 자신이 하고 싶은 일을 해봤으니 아버지의 사업을 물려받겠다며 이내 그만두고 골판지 공장에 들어갔다. 나는 솔직히 동생의 그런 용기에 놀랐다. 골판지 공장은 형인 내가 물려받아야 할 가업이었다.

그 무렵 나는 새로 시작한 일이 잘 풀리지 않아 경제적으로 가족의 도움을 받는 처지였다. 가업을 돌보기는커녕, 내 앞가림도 못하는 신세였다. 동생에게는 고개를 들 수 없을 정도로 미안했다. 다행히 동생은 골판지와 관련된 새로운 기술을 개발해 여러 상을 받으면서 사업에서 확실하게 자리를 잡아갔다.

아버지는 내게도 동생에게도 아무것도 요구하지 않으셨다. 모든 것을 우리가 알아서 하도록 두셨지만, 항상 스스로에게는 엄격하셨다. 70세가 된 지금도 현역에서 활기차게 일하고 계시며, 늘 동생이나 내게 모범을 보이는 분이시다. 모든 일의 기본은 하나부터 열까지 스스로 솔선해서 하는 것이다. 누군가 해줄 것을 기대하지 말고 스스로 중요한 것들을 찾아내 자기가 먼저 행동에 옮겨야 한다. 아버지는 아무 말씀도 하지 않으셨지만 몸소 보여주시는 삶 자체가 우리 형제에겐 늘 큰 가르침이었다.

우리는 스스로 느끼든 느끼지 못하든, 많은 사랑에 둘러싸여 살아간다. 사람은 혼자서 사는 게 아니라 가족을 비롯해 많은 주변 사람들과 깊은 관계를 맺고 살아가는 존재이다.

인생이란 뜻대로 되지 않는 일이 많을수록 학습하고 성장할 기회도 많다는 사실을 이 책을 통해서 말하고 싶다. 우리가 가장 많이 성장할 수 있는 기회는 다른 사람과의 관계에 있다. 그 속에서 겪는 괴로움이 클수록 사람은 더 큰 그릇으로 성장하게 된다. 괴로움을 겪으며 지나온 그 곳에서 자신이 많은 사랑을 받으며 살고 있다는 것을 깨달을 수 있다.

마지막으로, 이 책에서 정말 전하고 싶었던 말을 다시 한 번 간단히 정리해볼까 한다.

- 세상사는 자신이 받아들이는 방식에 따라 결정된다.
- 모든 일은 나를 성장시키기 위해 일어난다.
- 모든 사람들은 저마다 다르기 때문에 서로 많은 것을 배울 수 있다.

- 모든 만남을 통해 깨달음을 얻을 수 있다.
- 깨닫고자 하는 마음만 있으면 어떤 일에서도 깨달을 수 있다.
- 생각대로 풀리지 않는 일이 가장 큰 깨달음을 준다.
- 헛된 시간도 헛된 사건도 없다. 스스로 헛되게 여기면 헛되게 될 뿐이다.
- 자신이 변하면 모든 것이 변한다. 진정으로 행복해지려면 자신이 변하는 수밖에 없다.
- 매순간 행복하다고 생각하면 평생 행복할 수 있다.

무엇보다 가장 마음에 깊게 새겨야 할 사실은 이것이다.

결코 사람은 언제나 혼자가 아니다.

끝까지 읽어주신 독자들에게 감사드리며,

후쿠시마 마사노부